Plummer Publishing

Tracy Griesner – Eine Designerin webt Träume in Worte

Geboren im Herzen Österreichs, im Jahr 1984, ist Tracy Griesner nicht nur eine Meisterin der Mode, sondern auch eine Stimme, die das Herz berührt. Nach ihrem Abschluss an der renommierten Modeschule Hallein revolutionierte sie mit ihrem Label Mirabell Plummer die Modewelt. Ihre Designs sind mehr als nur Kleidungsstücke; sie sind eine Ode an die Einzigartigkeit jeder Frau, eine Feier der Individualität und ein Ausdruck purer Lebensfreude.

Im Jahr 2017 trat Tracy in die wohl herausforderndste, aber auch erfüllendste Rolle ihres Lebens ein – sie wurde Mutter. Mit der Geburt ihrer ersten Tochter öffnete sich ein neues Kapitel, das ihre Weltanschauung prägen und ihre kreativen Horizonte erweitern sollte.

Tracy ist eine Wanderin zwischen den Welten. Wenn sie nicht gerade in ihrem Atelier in Österreich die nächste Kollektion entwirft oder die Modebühnen im deutschsprachigen Raum erobert, findet man sie schreibend in der malerischen Landschaft des Salzburger Landes oder in der friedvollen Ruhe der Toskana. Dort, umgeben von Natur und Geschichte, entstehen Texte, die nicht nur zum Nachdenken anregen, sondern auch zum Träumen einladen und Mut machen, den eigenen Weg zu gehen.

Als Autorin lässt Tracy Griesner uns teilhaben an ihrer Reise – eine Reise, die von der Leidenschaft für Schönheit, der Suche nach Wahrhaftigkeit und dem unerschütterlichen Glauben an die Kraft der Selbstbestimmung geprägt ist. Ihre Bücher sind nicht nur Lesestoff, sie sind Wegweiser, Freundinnen und manchmal auch ein Spiegel, in dem wir uns selbst entdecken können.

Tracy lebt, was sie lehrt. Ihre Lebensgeschichte ist ein Beweis dafür, dass Träume wahr werden können, wenn man den Mut hat, ihnen zu folgen. Sie ist eine Visionärin, die zeigt, dass Mode und Literatur keine getrennten Welten sind, sondern sich gegenseitig befruchten und bereichern können. In ihren Worten finden sich die Farben ihrer Mode wieder – lebendig, berührend und ein bisschen rot-weiß-rot.

Tracy Griesner ist eine Autorin, die uns einlädt, die Grenzen unserer Vorstellungskraft zu erweitern und uns ermutigt, in jedem Moment unseres Lebens Schönheit und Bedeutung zu suchen. Dieses Werk ist ein Geschenk – an alle Frauen, Mütter und Träumerinnen da draußen, die bereit sind, ihre eigenen Geschichten zu weben und die Welt mit ihrer einzigartigen Präsenz zu bereichern.

DER MOMS CLUB

Die Geheimnisse erfüllter Frauen

Plummer Publishing

Tracy Hauenschild e.U.
Markt 54, 5570 Mauterndorf, Austria

Autorin: Tracy Griesner
Design & Layout: Ben Perner
Lektorat: Magdalena Griesner

ISBN: 978-3-903550-00-1

www.plummer-publishing.com

Inspiration für ein erfülltes und erfolgreiches Leben
von der Autorin der „Moms Club" Bücher:

Instagram: **@tracy.griesner**
Facebook: **facebook.com/tracy.griesner**

Plummer Publishing

Für mich

Die Heldin meiner eigenen Geschichte

Dieses Buch widme ich der Person, die mir am nächsten steht, der ich in jedem Spiegel begegne und die mich in jeder Lebenslage begleitet – mir selbst.

In den vergangenen Jahren habe ich durch die Saisonen der Mode und des Lebens navigiert, habe Entwürfe skizziert und Ideen zum Leben erweckt. Oft bin ich vor Herausforderungen gestanden, doch nie ohne daraus eine neue Inspiration zu schöpfen und meine Kreativität neu zu entfachen.

Ich danke mir für die Stärke, die ich in Momenten der Schwäche gefunden habe, für die Sanftmut in Zeiten des Sturms und für die Liebe, die ich mir selbst entgegenbringe, wenn ich sie am meisten brauche. Ich habe gelernt, dass Selbstfürsorge kein Akt der Selbstsucht ist, auf dem ich die beeindruckendsten Kollektionen meines Lebens kreieren kann.

Dieses Buch ist ein Spiegel meiner Seele, ein Zeichen der Anerkennung für all die kleinen Siege, die leisen Momente der Erkenntnis und die lauten Jubelschreie der Überwindung. Es ist ein Dankeschön an mich selbst für das Mutigsein, das Weitermachen und das niemals Aufgeben.

„Eine Superheldin ohne Umhang nennt man Mama."

Inhalt

„Stay focused and extra sparkley."

Vom Dorftratsch *zum Designer-Traum*

Falls du je das Gefühl hattest, dein Leben gleicht eher einer Netflix-Serie als einem Kino-Highlight, dann tritt ein in den MOMS CLUB. Mein Name ist Tracy, und ich bin hier, um dir zu versichern: Du bist nicht allein mit deinen Herausforderungen des Mama-Seins, den „Ich-bin-mir-nicht-sicher-aber-wir-packen-das-schon"-Momenten des Lebens und dem einen oder anderen Mode Fauxpas.

Lass mich dir etwas zuflüstern: Mein Leben war in den letzten Jahren eine Achterbahnfahrt durch die Saisonen der Mode und des Lebens, gepaart mit einer Prise Dorfleben-Dramatik. Stell dir vor, von meinem Modelabel Mirabell Plummer bis zum Mom-Status, vom Zurückkehren in die Heimat bis hin zur Kernsanierung eines alten Hauses – ich hab's erlebt. Existenzängste? Check. Panikattacken in der Stoffabteilung? Doppelter Check. Schlaflose Nächte, weil das Baby schreit oder weil die neue Kollektion nicht sitzt? Oh ja, Triple Check!

Aber hier ist der Clou: Mit einer Schere in der einen und einem Titi (so sagen wir in Österreich zu einem Schnuller) in der anderen Hand habe ich gelernt, das Leben nicht nur zu schneidern, sondern es zu rocken. Mein Geheimrezept? Meine unaufhörliche Kreativität, die Fähigkeit, durchzuhalten, auch wenn's mehr zwickt als das Etikett im Nacken, und ein unstillbarer Durst nach Wissen – denn wer sagt, dass Karriere und Muttersein nicht Hand in Hand gehen können?

„Der MOMS CLUB - Die Geheimnisse erfüllter Frauen" ist nicht nur die Geschichte meines Lebens, sondern auch ein Crashkurs in „Wie überlebe ich das Leben mit Stil und einem Schmunzeln?". Ich teile meine acht Geheimnisse für ein erfülltes Leben, die kleinen Siege und die großen Erkenntnisse mit dir – alles verpackt in einem Buch, das hoffentlich deine neue beste Freundin wird (nach Schokolade und Netflix, versteht sich).

Also, schnapp dir einen Kaffee (oder Prosecco, ich urteile nicht), mach's dir gemütlich, und lass uns gemeinsam lachen, lernen und vielleicht auch ein bisschen leiden. Denn am Ende des Tages sind wir alle die Heldin in unserer eigenen verrückten Geschichte – mit einer großen Portion Liebe, einem Hauch von modischem Wahnsinn, und einem unerschütterlichen Glauben an uns selbst.

Bist du bereit, dem MOMS CLUB beizutreten? Ich verspreche dir: Es wird eine Reise voller Inspiration, Stil und gelegentlicher Unordnung – aber eines ist gewiss, wir nehmen es mit Charme gemeinsam in Angriff.

Herzlichst,
Tracy

✦ Gold*nugget*

Das MOMS CLUB-Journal: *Dein Tagebuch für Dankbarkeit, dein neues Ich und deine Erfolge*

Bevor wir gemeinsam in die Welt des MOMS CLUB eintauchen und erkunden, was es bedeutet, als Frau, Mutter und eigenständige Person in unserer Fülle zu leben, möchte ich dir ein ganz besonderes Goldnugget vorstellen.

Das MOMS CLUB-Journal bildet eine feinfühlige Verbindung, die die inspirierenden Botschaften des Buches „Der MOMS CLUB - Die Geheimnisse erfüllter Frauen“ mit der dynamischen Realität deines Alltags verknüpft. Auf seinen sorgsam gestalteten Seiten findest du einen Rückzugsort für deine Gedanken, Hoffnungen und Träume.

Das MOMS CLUB-Journal ist mehr als nur ein Tagebuch, es ist ein Werkzeug der Verwandlung basierend auf drei essenziellen Säulen:

Dankbarkeit: Jeder Tag hält unendlich viele Geschenke bereit, die nur darauf warten, von dir wahrgenommen zu werden. Mit dem MOMS CLUB-Journal wirst du lernen, diese kleinen Wunder wertzuschätzen.

Dein neues Ich: Deine Visionen und Wünsche für die Zukunft sind die Stoffe, aus denen Träume geschneidert sind. Mit dem MOMS CLUB-Journal entwirfst du die Skizze deines zukünftigen Ichs, gewählt aus den feinsten Mustern und Farben – kühn, strahlend und voller Energie. Diese Vision wird zum maßgeschneiderten Kleidungsstück, das perfekt sitzt und dir den Weg ebnet zu einem Leben voller Glück und Leidenschaft.

Erfolgsmomente: Jeder Fortschritt auf deinem persönlichen Weg ist ein Sieg. Das MOMS CLUB-Journal begleitet dich dabei, deine alltäglichen Erfolge zu erkennen und zu feiern – sei es eine überstandene Herausforderung oder ein Moment, in dem du dir selbst treu warst. Jeder Erfolg ist wie ein funkelndes Accessoire, das deinem inneren Glanz zusätzliche Leuchtkraft verleiht.

Der zweite Teil des MOMS CLUB-Journal bietet dir einen geschützten Raum, weit entfernt von den Herausforderungen des Alltags, in dem du nicht nur träumen und wachsen, sondern auch aktiv an deiner Transformation arbeiten kannst. Hier findest du Platz für deine tiefsten Reflexionen und kühnsten Ziele. Diese Seiten sind wie der Zuschneidetisch einer Designerin für dich - dein Ort, wo du die Stoffe deiner Persönlichkeit maßgerecht zuschneiden und die Muster deines Lebens neu entwerfen kannst.

Integriere das MOMS CLUB-Journal in deine tägliche Routine. Es soll wie dein maßgeschneidertes Lieblingskleid in stürmischen Zeiten sein, das dir Komfort und Selbstvertrauen gibt, wie deine Lieblingsaccessoires[1], die dir den Weg weisen. Es ist mehr als ein Tagebuch; es ist das unverzichtbare Accessoire, das dich auf deinem Weg zu einem erfüllten Leben leitet.

Wenn du bereit bist, den nächsten Schritt zu gehen, ist das MOMS CLUB-Journal dein inspirierender Begleiter, um die Lehren und praktischen Übungen des Buches „Der MOMS CLUB - Die Geheimnisse erfüllter Frauen“ in die Tat umzusetzen. Jeder Tag ist eine neue Gelegenheit, dein Leben mit Glück und Sinn zu füllen.

Dein MOMS CLUB-Journal findest du über folgende Link oder scanne den QR-Code: **https://plummer-publishing.com/de/moms-club-journal**

[1] Accessoires sind die geheimen Heldinnen eines Outfits, kleine Wunderwerke, die jedem Look Charakter und Persönlichkeit verleihen. Sie vervollständigen und bereichern, verwandeln das Gewöhnliche in das Außergewöhnliche und lassen den eigenen Stil strahlen.

Teil 1

Check-up:
Verstehen, wo der Schuh drückt

Im Rampenlicht *des Lebens*

Die Suche nach authentischen Schritten

Stell dir vor, du befindest dich auf dem Laufsteg einer Fashion Show, wo das blendende Scheinwerferlicht wie ein Spiegel deiner Seele leuchtet. Jeder Schritt auf diesem Catwalk, umsäumt von den bewundernden Blicken des Publikums, trägt das Versprechen von Anerkennung und Selbstverwirklichung. In deiner Vorstellung trägst du Schuhe, die sinnbildlich für deinen Lebensweg stehen. Diese Schuhe, sorgfältig ausgewählt für den Moment im Rampenlicht, sollten dich eigentlich elegant und selbstbewusst auf deinem Weg durch die Höhen und Tiefen des Lebens tragen. Doch irgendwie fühlen sie sich zunehmend unpassend an, drücken an Stellen, die einst wie maßgeschneidert für dich schienen. Wo ist die Leichtigkeit und das Selbstvertrauen, das du einst hattest, verloren gegangen?

In der Hektik unseres Lebens – im ständigen Spagat zwischen Muttersein, Partnerschaft und Beruf – haben wir verlernt, unser eigenes Wohlbefinden zu nähren. Wir jagen einem Ideal nach, ohne uns zu fragen: Nährt dies wirklich meine Seele? Die Zeichen des Körpers – Erschöpfung, Gleichgültigkeit, ein tiefes Gefühl des Verlusts – sind nicht nur Warnsignale; sie sind Schreie unserer innersten Wünsche nach einem authentischen Leben.

Frage dich: Wann hast du das letzte Mal die Magie eines unbeschwerten Lachens gespürt? Kannst du dich an das Gefühl erinnern, als dein Herz vor purer Freude überquoll?

Es ist ein Mythos zu glauben, dass Ausgebranntsein ausschließlich die Folge von Überarbeitung ist. Vielmehr signalisiert es eine tiefe Sehnsucht nach einem Leben, das mit unseren wahren Wünschen und Leidenschaften im Einklang steht.

Erschöpfung bedeutet weit mehr als das Bedürfnis nach Schlaf. Es ist der verzweifelte Ruf unseres Körpers und Geistes nach einer Pause von den unauthentischen Rollen, die wir spielen. Es ist ein Weckruf, der uns dazu auffordert, innezuhalten und uns zu fragen: Lebe ich oder überlebe ich?

Du hast die Kraft, deine eigenen Schuhe zu wählen und Schritte zu gehen, die dich nicht nur durch die vielfältigen Muster deines Lebens führen, sondern auch zum glanzvollen Höhepunkt deiner Modenschau, deiner Träume und Sehnsüchte. Dieses Buch öffnet die Tür zu den Geheimnissen erfüllter Frauen und ist eine Einladung, mutig den ersten Schritt auf deinem persönlichen Laufsteg zu dir selbst zu machen. Entdecke die Geheimnisse, die jede Frau in sich trägt, um ein Leben voller Freude, Erfüllung und Glück zu führen.

Gemeinsam werden wir enthüllen, wie du dein Leben bewusst gestalten kannst. Durch praktische Strategien und inspirierende Einblicke wirst du lernen, wie jeder Tag zu einer Gelegenheit wird, deine eigene, authentische Geschichte zu leben und zu prägen – eine Geschichte, die von innen heraus leuchtet und in der du dich zutiefst mit dir selbst und deinen wahren Wünschen verbunden fühlst. Bist du bereit, den Backstage-Bereich deiner persönlichen Modenschau hinter dir zu lassen, um im strahlenden Rampenlicht zu glänzen und die geheimen Strategien erfüllter Frauen zu meistern? Na dann komm mit!

Kapitel 01

Unter Druck:

Warum unsere Schritte nicht mehr leichtfallen

Das unsichtbare Korsett

Die Rollen, die wir Frauen heutzutage spielen, sind vielfältiger und herausfordernder denn je. Von uns wird erwartet, dass wir in jedem Aspekt unseres Lebens nicht nur mithalten, sondern auch glänzen. Diese Erwartungen sind wie ein unsichtbares Korsett, das aus den straffen Schnüren gesellschaftlicher Normen und Anforderungen besteht. Es formt und definiert unsere Existenz, oft ohne, dass wir uns dessen bewusst sind, engt uns ein und lässt kaum Raum für die freie Entfaltung unseres Geistes.

Wir leben in einer Gesellschaft, die von Frauen verlangt, als Mütter stets präsent und einfühlsam zu sein, als Partnerinnen liebevoll und unterstützend zu wirken, in der Arbeitswelt Spitzenleistungen zu erbringen und als Freundinnen jederzeit verfügbar und aufmerksam zu sein. Gleichzeitig sollen wir uns um unser persönliches Wohlbefinden kümmern, fit und gesund bleiben und dabei stets ein Lächeln auf den Lippen tragen. Jede dieser Rollen kommt mit ihrem eigenen Set an Erwartungen, Regeln und Standards, die oft widersprüchlich und schwer miteinander zu vereinbaren sind.

Getrieben von dem Wunsch, diesen vielfältigen und oft unrealistischen Erwartungen gerecht zu werden, streben wir nach Anerkennung und Erfüllung in der Außenwelt. Wir messen unseren Wert an der Perfektion unserer Kinder und dem Glanz unserer Beziehungen, an beruflichen Erfolgen und an den Likes auf Social Media. Diese äußeren Standards setzen uns unter einen konstanten Druck, mehr zu sein, mehr zu leisten, mehr zu geben, oft auf Kosten unserer eigenen Bedürfnisse und Wünsche.

In dem unermüdlichen Bestreben, all diese externen Erwartungen zu erfüllen, verlieren wir allzu leicht den Kontakt zu dem, was uns im Innersten ausmacht. Wir vergessen, wer wir jenseits unserer Rollen und Verantwortlichkeiten sind. Unsere eigenen Träume, Leidenschaften und das, was uns einst Freude bereitete, werden zu flüchtigen Schatten, die im Hintergrund unseres hektischen Alltags verblassen. Dieses unsichtbare Korsett schnürt nicht nur unseren Körper ein, sondern auch unsere Seele.

Es ist an der Zeit, das unsichtbare Korsett zu lockern, das uns so fest umschließt. Dies beginnt mit dem Bewusstsein, dass die Erwartungen und Normen, die uns auferlegt werden, nicht unbedingt die sind, denen wir folgen müssen. Es erfordert Mut, gegen den Strom zu schwimmen und zu definieren, was Erfolg, Glück und Erfüllung für uns persönlich bedeuten. Indem wir lernen, unsere eigenen Werte und Bedürfnisse über die externen Anforderungen zu stellen, können wir beginnen, uns von den Federstäbchen[2] zu befreien, die uns hindern frei zu atmen und zu denken um unser volles Potenzial zu entfalten und ein Leben zu führen, das wahrhaftig erfüllend ist.

„Nicht in den Sternen liegt unser Schicksal, sondern in uns selbst."

William Shakespeare

Indem wir das unsichtbare Korsett Schicht für Schicht lockern und ablegen, entdecken wir, dass das, wonach wir im Außen so verzweifelt gesucht haben, schon immer in uns vorhanden war: die Kraft, unser eigenes Leben nach unseren eigenen Vorstellungen zu gestalten, frei von den Erwartungen anderer. Dies ist der erste Schritt auf dem Weg, unsere eigene Kollektion zu entwerfen, eine, die mit Persönlichkeit, Freude und Authentizität strahlt, eine Kollektion, die nicht nur unsere innere Garderobe bereichert, sondern unser gesamtes Dasein mit tiefer Zufriedenheit erfüllt.

[2] Federstäbchen sind dünne Streifen, die Korsetts Form und Halt geben, indem sie sich an den Körper anpassen.

Stress: Dein ständiges Accessoire

Stress, dieser allgegenwärtige Schatten, der uns durch unseren Alltag begleitet, ist mehr als nur eine flüchtige Unannehmlichkeit; er ist ein konstanter, summender Hintergrundlärm, der unser inneres Gleichgewicht bedroht. Ähnlich dem beharrlichen Summen einer Hornisse, die uns auf Schritt und Tritt folgt, lässt uns Stress selten zur Ruhe kommen. Dieser Zustand entspringt nicht aus dem Nichts, sondern ist das direkte Ergebnis unseres unermüdlichen Bestrebens, den zahlreichen und oft widersprüchlichen Anforderungen des modernen Lebens gerecht zu werden. Es fühlt sich an, als würden wir in einem endlosen Balanceakt versuchen, immer mehr Aufgaben zu bewältigen, wobei das Risiko des Scheiterns mit jeder neuen Herausforderung wächst.

Stress zeigt sich in unserem Leben auf vielfältige Weise, sei es durch den Druck, beruflich erfolgreich zu sein, während wir gleichzeitig bemüht sind, fürsorgliche Mamas, aufmerksame Partnerinnen und zuverlässige Freundinnen zu sein. Jede Rolle bringt ihre eigenen Erwartungen, Deadlines und Dringlichkeiten mit sich, die unsere Kapazitäten strapazieren. Die Schnelllebigkeit der modernen Welt und die ständige Informationsflut verstärken das Gefühl der Überforderung nur.

Der Versuch, einen Balanceakt zwischen diesen verschiedenen Lebensbereichen zu vollführen, wird zur ständigen Quelle von Stress. Mit jeder neuen Verantwortung, die wir übernehmen, erhöht sich die Wahrscheinlichkeit, dass wir ins Straucheln geraten. Dieses ständige Risiko des Fallens – sei es durch vernachlässigte Beziehungen, persönliche Erschöpfung oder berufliche Fehltritte, erzeugt eine untergründige Spannung, die schwer zu ignorieren ist.

Stress ist die natürliche Antwort unseres Körpers auf diese Belastungen. Ursprünglich als Mechanismus in Gefahrensituationen gedacht, befindet sich unser Körper nun häufig in einem Zustand der Alarmbereitschaft, auch ohne direkte physische Bedrohung. Diese anhaltende Anspannung kann nicht nur kurzfristig zu Unruhe oder Schlafproblemen führen, sondern birgt auch langfristige Risiken wie Herz-Kreislauf-Erkrankungen oder psychische Leiden.

Langsam, aber sicher beginnt unser energetisches Reservoir zu schwinden, wenn Stress zu einem ständigen Begleiter wird. Jeder Tag, an dem wir dem Druck standhalten, ohne uns Zeit zur Regeneration oder Reflexion zu nehmen, zehrt an unserer Lebensfreude und Energie. Unsere Vitalität schwindet, bis wir feststellen, dass unser Reservoir nicht mehr halbvoll, sondern alarmierend leer ist.

Dieser Zustand ist nicht nur ein Zeichen unserer Erschöpfung, sondern auch ein dringender Appell nach Veränderung. Es ist ein Aufruf innezuhalten, unsere Lebensweise zu überdenken und Wege zu finden, mit Stress umzugehen, der unsere Existenz so stark prägt. Indem wir lernen, unsere Grenzen zu respektieren, Prioritäten bewusst zu setzen und uns die Erlaubnis zu geben, nicht jede Aufgabe perfekt erfüllen zu müssen, können wir beginnen, dieses unschöne Accessoire loszuwerden und uns einem ausgeglichenen Leben zu nähern.

Die Falle der Makellosigkeit

Perfektionismus ist ein raffiniertes, selbst errichtetes Labyrinth, in dem wir uns allzu oft verirren. Er verkörpert den tief verwurzelten Glauben, dass unser Wert und unsere Liebenswürdigkeit direkt an unsere Fähigkeit geknüpft sind, makellose Leistungen zu erbringen und fehlerfrei zu leben. Diese Überzeugung ist eine mächtige, doch trügerische Illusion, ein Ziel am Horizont, das wir niemals wirklich erreichen können. Mit jedem Versuch, Perfektion zu erlangen, verstricken wir uns nur tiefer in den Nebel der Selbstkritik und chronischen Unzufriedenheit.

Perfektion präsentiert sich in ihrer verführerischsten Form als das ultimative Ziel. Sie suggeriert, dass Fehler und Mängel ausgemerzt werden können, wenn wir nur genügend Einsatz zeigen. Doch die Realität beweist, dass sich mit jedem erreichten Ziel neue, höhere Herausforderungen offenbaren. Diese unermüdliche Jagd entfernt uns von der Akzeptanz unserer wahren Natur und der Schönheit, die in unserer Imperfektion[3] liegt.

---

[3] Imperfektion ist die Schönheit des Unvollkommenen, ein Zeichen von Einzigartigkeit und Authentizität.

Auf dem Pfad des Perfektionismus verstärkt sich die Neigung zur Selbstkritik. Kleinste Abweichungen von unserem Idealbild werden zu Anlässen für Selbstvorwürfe. Diese ständige Selbstüberwachung erschöpft nicht nur, sondern kann uns auch lähmen, da die Angst vor Fehlern uns davon abhält, neue Wege zu beschreiten oder das Leben in seiner ganzen Fülle zu genießen.

Besonders tragisch ist, wie Perfektionismus uns von unserem authentischen Selbst entfernt. Im Bemühen, externen oder selbst auferlegten Erwartungen gerecht zu werden, verlieren wir den Kontakt zu unserer inneren Stimme und unseren echten Bedürfnissen. Wir verlieren aus den Augen, dass wahres Glück nicht in der Erreichung eines fiktiven Ideals liegt, sondern in der Harmonie mit unserer natürlichen Unvollkommenheit.

Um dem Perfektionismus zu entkommen, ist der erste Schritt die Erkenntnis, dass wahre Zufriedenheit und Selbstwert nicht durch fehlerlose Leistung erreicht werden. Indem wir lernen, unsere Fehler als Teil unserer menschlichen Erfahrung zu akzeptieren, können wir den Weg der Selbstakzeptanz und des wahren Wohlbefindens beschreiten. Dies erfordert Mut: den Mut, unvollkommen zu sein, sich selbst zu lieben, wie wir sind, und das Leben nach unseren eigenen Maßstäben der Zufriedenheit zu gestalten.

Durch die Anerkennung, dass Perfektion eine Fata Morgana ist, die mehr Schaden als Nutzen bringt, können wir beginnen, uns von den Fesseln des Perfektionismus zu befreien.

Die Reise zu deinem authentischen Ich

Die unpassenden Schuhe, die wir tragen, sind mehr als nur Symbole unserer Belastung; sie sind das Abbild unserer Seele, das unverblümt offenlegt, wie sehr wir uns von unserem wahren Ich, unseren grundlegenden Bedürfnissen und tiefsten Sehnsüchten entfernt haben. Sie zeugen nicht nur von der Schwere unserer Erschöpfung und des Gefühls der Überforderung, sondern auch von den verhallten Echo unserer aufgegebenen Träume und vernachlässigten Leidenschaften. Sie konfrontieren uns mit der bitteren Realität, dass wir uns in einem endlos drehenden Rad befinden, angetrieben von den unaufhörlichen Erwartungen der Gesellschaft, dem Gewicht des Stresses und unserer eigenen Besessenheit von Perfektion.

Diese Erkenntnis der Unstimmigkeit unserer Schuhe birgt einen entscheidenden Funken Hoffnung. Der Moment, in dem uns bewusst wird, dass unsere Schuhe nicht mehr passen und auf einen Wechsel warten, markiert den Wendepunkt, an dem wir realisieren, dass es in unserer Hand liegt, uns in Schuhe zu begeben, die unsere Schritte beflügeln. Diese Stärke entspringt nicht dem Bemühen, externe Erwartungen zu erfüllen oder nach unerreichbarer Perfektion zu streben, sondern der mutigen Entscheidung, ein authentisches Leben zu führen – ein Leben, das wahrhaftig unser eigenes ist.

Obwohl – nein, gerade weil wir uns mit den unbequemen Gründen unserer Unzufriedenheit auseinandergesetzt haben, dürfen wir nicht vergessen, dass wir in diesem Prozess nicht alleine sind. Jede von uns besitzt ihren eigenen „Schuhschrank“ voller persönlicher Geschichten und Herausforderungen. In dieser geteilten Erfahrung liegt unsere wahre Stärke. Gemeinsam können wir ein Netzwerk des Verständnisses und der Unterstützung weben, das es uns ermöglicht, nicht nur in Schuhe zu schlüpfen, die perfekt passen, sondern solche, die uns erlauben, mit jedem Schritt zu strahlen.

So endet dieses Kapitel nicht mit Resignation, sondern mit einem kraftvollen Aufruf zur Verwandlung. Es legt den Grundstein für das nächste große Kapitel unserer Reise: „Unpassende Schuhe als Chance – neue Stile entdecken“. Dieser nächste Schritt wird uns ermutigen, die drückenden Stellen als leere Leinwände zu betrachten, auf denen wir mutig die Konturen unseres neuen Ichs zeichnen dürfen. Es ist an der Zeit, die Fesseln zu lösen, die uns zurückhalten, und mutig voranzuschreiten in ein Leben voller Tiefe, Erfüllung und unbegrenzter Freude.

Kapitel 02

Unpassende Schuhe als Chance: *Neue Stile entdecken*

Was uns anfänglich als Leere oder Mangel erscheint, entpuppt sich in Wahrheit als ein Universum voller Chancen. In diesem Kapitel möchte ich dich inspirieren und ermutigen, diesen vermeintlichen Leerstand nicht als Endstation, sondern als den Beginn eines spannenden Abenteuers zu betrachten. Lass überholte Gewohnheiten hinter dir und wage mutig Schritte auf dem Weg zu einem Leben, das in jedem Moment dein eigenes ist.

Denn in jenem lebensverändernden Augenblick, in dem wir erkennen, dass etwas in unserem Leben fehlt, stehen wir an einem kraftvollen Wendepunkt. Es ist, als würde das Leben uns einen Augenblick der Ruhe schenken, eine kurze Pause im ununterbrochenen Fluss unserer täglichen Routinen, um uns sanft zu erinnern: „Es ist Zeit, deinem Leben neue Farben zu verleihen." Diese Ruhe, diese vermeintliche Leere, erweist sich als wertvolles Geschenk – eine leere Leinwand, die darauf wartet, mit den leuchtenden Farben unserer tiefsten Wünsche und Träume bemalt zu werden.

Erinnere dich daran: Bedeutende Veränderungen beginnen immer mit einem Moment der Einsicht. Wie die Stille, die einen neuen Anfang ankündigt, lädt sie uns ein, einen Moment innezuhalten. Sie ist unsere Aufforderung, zur Ruhe zu kommen und uns selbst zu fragen: Was ist es, das ich mir wirklich vom Leben erhoffe? Welche Träume habe ich bisher nicht gewagt zu träumen? In dieser Klarheit finden wir die Freiheit, die Weichen unseres Lebens neu zu stellen.

Die Lücken in unserem Leben sind nicht Ausdruck von Defiziten oder Verlusten, sondern Räume voller Möglichkeiten. Sie sind eine Einladung, unser Leben neu zu gestalten, zu verfeinern und zu bereichern. Sie motivieren uns, über den Tellerrand hinauszuschauen und verborgene Talente zu erkunden. Diese Leere ist eine seltene Chance, uns von Altem zu lösen – von überholten Glaubenssätzen, unerfüllten Sehnsüchten, ungenutzten Fähigkeiten – und Platz für frische, bereichernde Erfahrungen zu machen.

Der erste Schritt in diese strahlende Zukunft erfordert Mut: den Mut, die Stille nicht als Leere, sondern als einen Raum voller Chancen zu sehen. Es ist der Mut zu träumen, zu riskieren und schließlich zu handeln. Es ist der Mut, sich zu fragen: „Wenn nicht jetzt, wann dann?" und „Wenn nicht ich, wer sonst?"

Betrachten wir diesen Wendepunkt als das, was er tatsächlich ist: Eine Chance, uns in die Person zu verwandeln, die wir schon immer sein wollten. Jetzt ist der Moment, die vermeintliche Leere als Gelegenheit zu begreifen, den Neustart-Knopf zu drücken und mutig Wege zu beschreiten, die uns zu wahrer Erfüllung und anhaltendem Glück führen.

Praktisches Beispiel

Lisas Weg:

Mut zum Neuanfang

Lisa, eine 36-jährige Verkäuferin in einem kleinen Bekleidungsgeschäft und Mutter von zwei Kindern, saß an einem ruhigen Sonntagmorgen an ihrem Küchentisch. Sie blätterte durch einen Stapel Rechnungen, während sie versuchte, den Einkaufszettel für die kommende Woche zu schreiben. Ihr Leben fühlte sich an wie der alte Kleiderschrank in ihrem Schlafzimmer: vollgestopft, unübersichtlich und gefüllt mit Dingen, die sie eigentlich nicht mehr brauchte oder wollte.

Seit Jahren jonglierte Lisa zwischen ihrer Rolle als Mutter, Ehefrau und ihrer Arbeit, immer bemüht, es allen recht zu machen. Doch tief in sich spürte sie eine wachsende Unzufriedenheit und Überforderung. Während sie eines Morgens für die Arbeit ein kaum getragenes Kleid auswählte, das sie einmal gekauft hatte, um bei einer Firmenfeier Eindruck zu schinden, wurde ihr bewusst, wie sehr sie sich anpasste, um Erwartungen zu erfüllen, die gar nicht ihre eigenen waren.

In diesem Moment der Klarheit entschied Lisa, dass es an der Zeit war, den Reset-Knopf in ihrem Leben zu drücken. Sie begann mit dem Kleiderschrank, der eine symbolische erste Station ihrer Veränderung sein sollte. Sie sortierte alles aus, was nicht mehr zu der Person passte, die sie wirklich sein wollte – jedes Stück, das sie nur aus Pflichtgefühl behalten hatte.

Doch Lisa ging noch weiter. Sie erkannte, dass nicht nur ihr Kleiderschrank, sondern auch ihr Lebensstil einer Generalüberholung bedurfte. Sie setzte Prioritäten neu, um mehr Zeit für sich und ihre Familie zu haben. Bei der Arbeit bat sie um flexible Arbeitszeiten, um ihren Alltag weniger hektisch zu gestalten.

Der größte Wandel vollzog sich jedoch in Lisas Selbstwahrnehmung. Sie begann, sich selbst als die Hauptdarstellerin ihres Lebens zu sehen, nicht mehr als Opfer der Umstände. Sie entschied sich für Optimismus als ihre „Trendfarbe" und wählte bewusst Zufriedenheit und Glück im Alltag. Dieser innere Wandel spiegelte sich auch äußerlich wider. Lisa strahlte eine neue Art von Selbstbewusstsein aus, die auch ihre Kinder und Kollegen bemerkten.

Lisas Entscheidung, den Reset-Knopf zu drücken, war ein mutiger Schritt, der ihr Leben grundlegend veränderte. Sie entdeckte nicht nur ihren eigenen Stil, sondern fand auch zu einem authentischeren und erfüllteren Leben. Dieser Wandel lehrte sie, dass wahre Perfektion darin besteht, sich selbst treu zu bleiben und den eigenen Weg zu gehen.

Mutig den Reset-Knopf drücken

Das Drücken des Reset-Knopfes in unserem Leben gleicht dem mutigen Schritt, den wir wagen, wenn wir entscheiden, unseren Kleiderschrank von Grund auf neu zu gestalten. Stell dir vor, du öffnest die Türen deines Kleiderschranks und siehst Kleidungsstücke, die nicht mehr passen, die veraltet sind oder die du nie wirklich mochtest, aber aus irgendeinem Grund behalten hast. Vielleicht repräsentieren sie eine Version von dir, die du einmal sein wolltest oder von der andere erwarteten, dass du sie sein solltest.

Das ist so wie die Geschichte mit dem schicken Twin-Set, das du dir extra zugelegt hast, um bei den Kollegen deines Mannes Eindruck zu schinden. Optisch bist du damit voll im Trend, passt perfekt ins Bild – aber innerlich - fühlst du dich wie eine Undercover-Agentin bei einer verdeckten Operation. Im Grunde ist es wie eine dieser Faschingsverkleidungen, die so gar nicht zu dir passt, und bei der du insgeheim schwörst, beim nächsten Mal lieber als deine Lieblingssuperheldin – oder einfach als „du selbst“ – zu gehen. Denn seien wir ehrlich: Auch wenn das Twin-Set auf den ersten Blick beeindruckt, es kratzt, zwickt und du zählst die Sekunden, bis du wieder in deine gemütliche Lieblingsjeans und den gemütlichen Statement-Hoody schlüpfen kannst. Das Leben ist zu kurz für unbequeme Verkleidungen – es sei denn, sie sind Teil deines grandiosen Plans, beim Karneval den Preis für das originellste Kostüm abzuräumen! Jetzt ist es an der Zeit, all diese alten Stücke auszusortieren und Platz für neue, aufregende Modelle zu schaffen, die wirklich zu dir passen und deine Persönlichkeit widerspiegeln.

Das Drücken des Reset-Knopfes erfordert den Mut, alte Gewohnheiten und Erwartungen, die nicht mehr zu dir passen, hinter dir zu lassen. Es bedeutet, sich nicht länger von den Vorgaben der Modezeitschriften, sozialen Medien oder sogar von Freunden und Familie beeinflussen zu lassen. Stattdessen geht es darum, deinen eigenen Stil zu finden und anzunehmen. Wähle Gedanken, Menschen, Gewohnheiten, Routinen und Kleidung, die deine Persönlichkeit widerspiegeln und mit denen du dich wohl und selbstbewusst fühlst.

Dieser Schritt ist befreiend. Es ist der Anfang eines authentischen Lebens, in dem du nicht nur in der Mode, sondern in allen Bereichen deines Lebens deine eigenen Entscheidungen triffst. Indem du den Mut aufbringst, den Reset-Knopf – den ich liebevoll den „Glücks-Buzzer“ nenne – zu drücken, setzt du ein kraftvolles Statement: „Ich bin die Designerin meines Lebens.“ Du beginnst, dein Leben nach deinen eigenen Vorstellungen zu gestalten, frei von den Vorgaben und Beschränkungen, die dir nicht länger dienen.

Ich fordere dich auf, diesen mutigen Schritt zu wagen. Frage nicht, was die Welt von dir in Sachen Mode oder Lebensstil erwartet, sondern was du dir von deinem Leben wünschst. Welche Farben, welche Stoffe, welche Schnitte spiegeln deine Persönlichkeit und deine Träume wider? Wie möchtest du dich präsentieren, und welches Bild möchtest du der Welt von dir zeigen?

„Entscheide dich:
Sei die Heldin in deiner
eigenen Lebensgeschichte
oder eine Nebendarstellerin
in den Geschichten,
die um dich herum gespielt
werden."

Must-haves:
Die Geheimnisse werden enthüllt

Teil 2

Kapitel 03

Geheimnis Nummer 1

Die Kraft des Mindsets

Stell dir vor, du hast das perfekte Accessoire in deinen Händen, das jedes Outfit – oder in diesem Fall, jeden Aspekt deines Lebens – in etwas Strahlendes und Erfüllendes verwandeln kann. Dieses besondere Stück ist nicht aus den feinsten Stoffen oder Edelsteinen gefertigt, sondern aus einem Material, das noch wertvoller ist: Deinem Mindset - deiner inneren Einstellung.

Was macht dieses Mindset so besonders? Es ist wie das Must-have in deinem Kleiderschrank, das deinen Look komplett macht – deine Art zu denken, zu fühlen und zu reagieren. Es ist der innere Stilberater, der deine Entscheidungen leitet, deine Reaktionen formt und letztendlich deinen Alltag färbt. Dein Mindset besitzt die bemerkenswerte Fähigkeit, deine Realität zu gestalten – zum Positiven wie zum Negativen.

Frag dich selbst: Trage ich das Accessoire, das eine Welt voller Begrenzungen zeigt, oder eines, das die schier unendlichen Möglichkeiten des Lebens betont? Viele von uns tragen unbewusst das ‚Mangel-Accessoire'. Wir konzentrieren uns auf das, was uns fehlt, anstatt auf das, was wir haben, und sehen Hindernisse statt Chancen.

Aber hier ist die gute Nachricht: Du kannst dein Accessoire wechseln. Du kannst vom Mangel-Accessoire zum Accessoire des Wachstums wechseln. Ein Accessoire des Wachstums basiert auf der Überzeugung, dass du dich weiterentwickeln, lernen und über dich hinauswachsen kannst. Es symbolisiert die Einstellung, dass Herausforderungen zum Lernen da sind, dass Fehler einfach nur Etappen auf dem Weg zum Erfolg sind und dass deine Fähigkeiten und Talente durch Einsatz und Leidenschaft erblühen können.

Vom Mangeldenken zum Wachstumsdenken

Unser Mindset prägt unsere Gedanken, und unsere Gedanken gestalten unsere Welt. Mit dem Mangel-Accessoire sehen wir überall Begrenzungen, Hindernisse und Mangel. Dieses Mindset fixiert uns in einem Zustand, in dem Freude, Erfüllung und Wachstum fern erscheinen. Aber was geschieht, wenn wir dieses Accessoire ablegen und stattdessen das Wachstums-Accessoire wählen? Plötzlich öffnen sich uns unzählige Möglichkeiten. Hindernisse werden zu Stufen, die wir erklimmen, und Begrenzungen zu Horizonten, die es zu erweitern gilt.

Der Wechsel vom Mangel- zum Wachstumsdenken ist eine tiefgreifende Transformation unserer Denkweise und Lebensführung. Es erfordert, dass wir veraltete Überzeugungen hinter uns lassen und uns für neue Perspektiven öffnen. Wachstumsdenken ist die Überzeugung, dass wir durch Beharrlichkeit, Lernen und Ausdauer unsere Fähigkeiten und unser Leben bereichern können.

Die 4 mächtigen Säulen des Wachstumsdenkens

Das Wachstumsdenken entfaltet seine Wirkung weit über ein einfaches Konzept hinaus; es bildet das solide Fundament, das uns hilft, sicher durch die Herausforderungen des Lebens zu navigieren. In einer Welt des ständigen Wandels, die uns unermüdlich mit neuen Herausforderungen konfrontiert, bietet uns dieses Denkmuster die Werkzeuge und die Einstellung, die wir brauchen, um nicht nur zu überleben, sondern zu gedeihen.

Getrieben von einem starken Verlangen nach persönlichem Wachstum, ermöglicht uns das Wachstumsdenken, vermeintlich unüberwindliche Barrieren zu durchbrechen. Es verkörpert den festen Glauben, dass wir aus jeder Situation lernen, durch jede Herausforderung gestärkt werden und mit einer unzerbrechlichen Zuversicht buchstäblich Berge versetzen können.

Dieses umwandelnde Denkmuster ruht auf vier mächtigen Säulen, die nicht nur unsere Sicht auf das Leben und auf uns selbst revolutionieren, sondern ebenso die Weise, wie wir unser Dasein formen und erfahren.

Lernbereitschaft

Flexibilität

Resilienz

Optimismus

1. Lernbereitschaft: Der Hunger nach Neuem

Die Lernbereitschaft ist die erste grundlegende Säule des Wachstumsdenkens. Sie entspricht unserer natürlichen Suche nach neuen Erkenntnissen und Innovationen. Jede Begegnung und jedes Hindernis, das dir das Leben präsentiert, bietet eine Gelegenheit zur Entdeckung und Weiterentwicklung. Mit einer wachstumsorientierten Einstellung betrachtest du jede Herausforderung nicht als Rückschlag oder Krise, sondern als Möglichkeit, deine persönliche Sammlung an Erfahrungen und Wissen zu erweitern. Jedes Hindernis offenbart eine neue Lernchance und schärft deinen Verstand. Wenn du jede neue Erfahrung mit Offenheit annimmst, wirst du feststellen, dass das Leben voller Gelegenheiten für persönliches Wachstum und die Entwicklung deiner eigenen, unverwechselbaren Fähigkeiten ist.

2. Flexibilität: Die Fähigkeit zur Anpassung in einer sich ständig verändernden Welt

Flexibilität, die zweite tragende Säule des Wachstumsdenkens, ist entscheidend, um sich geschickt und offen an neue Situationen anzupassen. In einer Welt, die keinen Stillstand kennt, ist die Fähigkeit, sich anzupassen, ohne den eigenen Kern zu verlieren, von unschätzbarem Wert. Flexibilität ist wie das schnelle Umstylen bei unerwarteten Veränderungen. Selbst wenn unvorhergesehene Ereignisse unsere Pläne durchkreuzen, finden wir durch Flexibilität kreative Lösungen und halten unsere Ziele weiterhin im Blick. Diese Eigenschaft lehrt uns, dass oft die größten Chancen gerade außerhalb unserer Komfortzone liegen. Indem wir lernen, mit den unvorhersehbaren Wendungen des Lebens zu tanzen, statt uns ihnen entgegenzustellen, erschließen wir eine Welt voller unbegrenzter Möglichkeiten und erweitern ständig unser Spektrum an Erfahrungen.

3. Resilienz: Die Fähigkeit, standhaft zu bleiben

Resilienz, die dritte tragende Säule, ist die Essenz jener tiefen, unerschütterlichen Stärke, die es uns ermöglicht, nach jedem Rückschlag mit Grazie wieder aufzustehen. Diese innere Kraft ist vergleichbar mit einem Meisterwerk in unserer Garderobe, das, geprägt von den Erfahrungen vergangener Herausforderungen, immer wieder in neuem Glanz erstrahlt – jedes Mal weiser, stärker und strahlender. Im Rahmen des Wachstumsdenkens betrachtet, ermutigt uns Resilienz, Hindernisse nicht als unüberwindbare Barrieren, sondern als Stufen zu sehen, die es zu erklimmen gilt. Jede Schwierigkeit und jede Enttäuschung ist tatsächlich ein Schritt hin zu einer ausgereifteren, stilvolleren Version unseres Selbst. Pflege diese innere Stärke, und du wirst entdecken, dass die einzigen Grenzen, die wirklich existieren, jene sind, die du dir setzt.

4. Optimismus: Eine positive Zukunftsaussicht

Die vierte Säule, die unser Verständnis von Wachstum vervollständigt, ist der Optimismus – eine feste Überzeugung in eine helle Zukunft. Diese positive Einstellung kleidet uns nicht nur in Hoffnung, sondern bestärkt auch die Überzeugung, dass alle Träume und Ziele mit Entschlossenheit und Hingabe erreichbar sind. Optimismus ermöglicht es uns, über den gegenwärtigen Moment hinauszublicken und zu erkennen, dass jedes Ziel, egal wie entfernt oder herausfordernd es auch sein mag, mit Einsatz und Geduld erreichbar ist. Pflege diese positive Einstellung wie einen wertvollen Schatz, und du wirst zu einer treibenden Kraft des Potentials und der Möglichkeiten in einer Welt, die sich nach inspirierenden Beispielen sehnt.

Zum Abschluss der vier Säulen des Wachstumsdenkens möchte ich dich einladen, einen Moment innezuhalten und zu reflektieren. Verstehe, dass ein richtiges Mindset – das Geheimnis Nummer 1, erfüllter Frauen, – nicht nur eine Theorie ist; es ist die Quintessenz, die uns durch das oft turbulente Leben führt. Es schenkt uns die Werkzeuge und die Haltung, um den ständigen Veränderungen mit Grazie zu begegnen um unsere Träume und Ziele zu erreichen.

Bevor wir dieses Kapitel abschließen, möchte ich dich zu einem besonderen Teil führen: die Geschichte von Julias Transformation. Ihre Geschichte ist ein lebendiges Beispiel dafür, wie das richtige Mindset das Leben in wunderbarer Weise verändern kann. Ihre Erfahrungen werden uns nicht nur inspirieren, sondern auch praktische Einblicke geben, wie wir diese Prinzipien in unserem eigenen Leben anwenden können.

Praktisches Beispiel

Julias Transformation:

Vom grauen Alltag zu lebendigen Farben

Julia, eine energiegeladene 38-jährige Event-Managerin und Mutter einer lebhaften Tochter, fand sich in einem Lebensabschnitt wieder, der mehr nach einem endlosen Wartesaal als nach einem bunten Abenteuer aussah. Trotz ihrer kreativen Arbeit fühlte sie sich in einem grauen Alltag gefangen, in dem der Glanz des Neuen längst verblichen war. Doch Julia sollte bald erkennen, dass ihre Welt bereit war, in den lebhaftesten Farben neu bemalt zu werden – alles, was sie brauchte, waren die vier Säulen des Wachstumsdenkens.

Lernbereitschaft: Der Funke der Neugierde

An jenem unscheinbaren Dienstagmorgen, als Julia über einen Artikel zum Thema lebenslanges Lernen stolperte, fühlte sie eine Mischung aus Erstaunen und Erweckung. Der Artikel sprach von Menschen, die in jedem Alter Neues lernten und damit ihr Leben bereicherten. Julia spürte, wie in ihr ein lang vergessenes Feuer der Neugier entfacht wurde. Dieser Funke war der Beginn einer Veränderung. Sie meldete sich zu einem Fotografiekurs an, einer Leidenschaft, die seit ihrer Jugend brachlag. Mit jeder Aufnahme und jedem Klick der Kamera, erlebte Julia eine Flut von Gefühlen – Freude, Frustration, Triumph. Jedes Bild erzählte eine Geschichte, jede Lektion eröffnete ihr eine neue Perspektive auf die Welt. Julias Durst nach Wissen wurde zu einer unersättlichen Kraft, die sie antrieb, sich in Bereiche vorzuwagen, die sie nie für möglich gehalten hätte.

Flexibilität: Der Weg zur Gründerin

Flexibilität wurde zu Julias neuem Credo, als sie lernte, ihre durchgetakteten Tage mit einer gewissen Leichtigkeit zu nehmen. Was zunächst als störende Unterbrechung ihrer Routine begann, verwandelte sich in eine willkommene Abwechslung. Diese neue Anpassungsfähigkeit wurde auf die Probe gestellt, als ihre Firma während der Corona-Pandemie von Kündigungen erschüttert wurde. Julia, die sich plötzlich ohne die Sicherheit ihres Jobs sah, empfand zuerst Schock und Angst. Doch bald machte sich eine unerwartete Ruhe in ihr breit. Sie erkannte, dass dieser Moment der Unsicherheit auch eine Chance war, einen lang gehegten Traum zu verwirklichen: ihr eigenes Foto Studio zu eröffnen. Die Angst wich und wurde zu Entschlossenheit, und Julia begann, mit Optimismus und Flexibilität ihre Zukunft neu zu gestalten.

Resilienz: Mit einem Lächeln fortfahren

Julias Weg war gesäumt von Herausforderungen; jede neue Hürde schien höher als die letzte. Doch mit jeder Schwierigkeit, die sie überwand, wuchs ihre innere Stärke. Resilienz wurde zu ihrem unsichtbaren Mantel, gewoben aus den Fäden von Niederlagen und Siegen. Die Nächte, in denen sie zweifelte, ob sie den Anforderungen ihres neuen Lebens gewachsen sei, wurden zu den Zeiten, in denen sie ihre größte innere Stärke fand. Julia lernte, dass Stärke nicht darin besteht, nie zu fallen, sondern in der Fähigkeit, sich nach jedem Fall zu erheben, den Staub abzuklopfen und mit einem Lächeln fortzufahren.

Optimismus: Jedes Ende ist ein Neuanfang

Optimismus war das Licht, das Julia durch ihre schwierigsten Zeiten führte. Jedes Mal, wenn ein Problem in ihrem neuen Unternehmen auftauchte, jedes Mal, wenn eine fotografische Vision nicht wie geplant realisiert wurde, wählte Julia, die Situation durch eine positive Linse zu betrachten. Diese Haltung des Optimismus erlaubte es ihr, jedes Ende als einen Neuanfang zu sehen, jede geschlossene Tür als ein Fenster zu neuen Möglichkeiten. Ihr unerschütterlicher Glaube an eine bessere Zukunft motivierte nicht nur sie, sondern auch ihr Team, Höhen zu erreichen, die sie sich nie erträumt hatten.

„Wo Du in einem Jahr bist, ist das Resultat Deiner heutigen Entscheidung. Und jede Entscheidung, die du triffst, ist wie ein Samen, den du säst. Mit Geduld, Fürsorge und Ausdauer wird dieser Samen zu einem prächtigen Baum heranwachsen, dessen Zweige weit über deine kühnsten Träume hinausreichen."

Durch ihre Reise lernte Julia, dass das Leben mit all seinen unvorhersehbaren Kurven und Stufen ein Kunstwerk ist, das aktiv von uns gestaltet werden will. Ihre Geschichte ist ein Beispiel dafür, dass mit der richtigen Einstellungen – inklusive Lernbereitschaft, Flexibilität, Resilienz und Optimismus – jeder sein Leben in ein Meisterwerk verwandeln kann.

Praktische Übung

Dein persönlicher Weg zum Wachstumsdenken

Bevor wir starten, lass uns den perfekten Rahmen für deine Gedanken und Visionen schaffen. Finde einen ruhigen Platz, an dem du dich wohl und ungestört fühlst. Vielleicht ist das ein gemütlicher Sessel, ein Schreibtisch mit Blick ins Grüne oder ein Platz auf deinem Balkon.

Für die nächsten Schritte brauchst du dein **MOMS CLUB-Journal** oder Papier. Schnapp dir farbige Stifte, um deine Ideen und Träume bunt und lebendig festzuhalten. Es geht darum, einen Raum für dich zu schaffen, wo du frei denken und planen kannst – ein kleines persönliches Retreat, um dich auf das einzulassen, was vor dir liegt.

Integration der vier Säulen des Wachstumsdenkens in dein Leben

Bist du bereit für eine Welt voller Möglichkeiten? Nimm dir die Freiheit, jede gestellte Frage mit Offenheit und Aufrichtigkeit zu beantworten. Das Ziel ist, greifbare Schritte zu definieren, die dein Wachstumsdenken fördern und dein Leben mit tiefer Bedeutung und Zufriedenheit füllen.

1. Lernbereitschaft

Reflexion: Denke an einen kürzlich erlebten Moment zurück, in dem du mit einem Fehler oder Misserfolg konfrontiert wurdest. Nimm dir einen Moment, um zu reflektieren: Wie hast du darauf reagiert? War deine Reaktion von Enttäuschung geprägt, oder konntest du den Lernwert dieser Situation erkennen? Wie hast du über dieses Ereignis nachgedacht? Wiederhole diese Reflexion für mindestens drei bis fünf Situationen aus deinem Leben.

Anwendung: Nun hast du die Chance, deinen Horizont zu erweitern. Identifiziere drei Bereiche in deinem Leben, in denen du wachsen möchtest. Vielleicht ist es dein Ziel, deine Kommunikationsfähigkeit zu verbessern, gesünder zu leben oder eine neue Fähigkeit zu erlernen. Für jeden dieser Bereiche setze dir ein kleines, konkretes Ziel, das du in der kommenden Woche erreichen möchtest. Überlege, welche Ressourcen, Unterstützung oder konkreten Schritte dir dabei helfen könnten, diese Ziele zu erreichen. Dies könnte ein Buch, ein Online-Kurs, Empfehlungen von einer Freundin oder die Verpflichtung zu regelmäßiger Übung sein, die du ab jetzt als Verhalten oder Handlungen in dein Leben integrieren möchtest.

Dieser Teil der Übung bietet dir nicht nur die Möglichkeit, deine Entschlossenheit zu testen, sondern auch, die transformative Kraft der Lernbereitschaft in deinem Leben zu erfahren. Jeder Schritt vorwärts, jede kleine Änderung, die du initiierst, markiert dein Engagement für dein persönliches Wachstum und deinen Fortschritt. Sieh diesen Prozess als wertvolle Investition in dich selbst und deine Zukunft.

2. Flexibilität

Reflexion: Denke an einen Moment zurück, in dem du unerwartet mit einer Veränderung konfrontiert wurdest. Wie hast du reagiert? Welche Schritte hast du unternommen, um dich an die neue Situation anzupassen? Gehe diesen Prozess für mindestens drei bis fünf Situationen in deinem Leben durch.

Anwendung: Konzentriere dich nun auf zwei aktuelle Herausforderungen in deinem Leben. Entwickle für jede Herausforderung alternative Lösungsansätze. Frage dich: „Wie könnte ich meine Herangehensweise ändern, um diese Probleme zu bewältigen? Wie könnte ich flexibler sein?" Überlege, ob du einen neuen Plan entwickeln, deine Zeitmanagementstrategie überdenken oder um Hilfe bitten solltest. Finde für jede Herausforderung eine angepasste Strategie. **Welche konkreten Schritte oder Gedanken könntest du anwenden, um flexibler mit diesen Herausforderungen umzugehen?**

Schlage immer diese Seite auf und lies deinen kraftvollen Satz, wiederhole ihn, wenn du spürst, dass ein Sturm aufzieht. Dies wird deine seelische Widerstandskraft stärken und dir helfen, jedem Sturm standzuhalten.

Dieser Teil der Übung zielt darauf ab, nicht nur deine Problemlösungskompetenzen zu verbessern, sondern auch die Bedeutung der Flexibilität in deinem Leben hervorzuheben. Jede alternative Lösung, die du findest, und jede Anpassung, die du machst, unterstreicht deine Fähigkeit, den Unwägbarkeiten des Lebens zu begegnen. Es zeigt, dass du nicht nur bereit bist, dich Veränderungen zu stellen, sondern sie auch als Chancen für persönliches Wachstum und Weiterentwicklung zu sehen.

3. Resilienz

Reflexion: Denke zurück an einen herausfordernden Moment in deinem Leben, den du überstanden hast. Was hat dir in dieser Zeit Halt gegeben? Gab es bestimmte Gedanken, Personen oder Aktionen, die dir Kraft verliehen? Gehe diesen Prozess für mindestens drei bis fünf bedeutende Herausforderungen in deinem Leben durch.

Anwendung: Auf Grundlage dieser Einsichten, formuliere einen persönlichen Leitspruch, der dein Durchhaltevermögen in einem Satz einfängt. Ein kraftvoller Satz, der dir in schwierigen Zeiten als Leitstern dient und dich daran erinnert, dass du schon früher Stürme überstanden hast und dies auch in Zukunft tun kannst. Hier sind einige Inspirationen:

„Wie das Meer nach einem Sturm zur Ruhe kommt, so werde auch ich aus diesen Herausforderungen ruhiger und stärker hervorgehen."

„So wie ich die Wechsel der Jahreszeiten erlebt und gemeistert habe, so werde ich auch diese Phase überstehen. Jede Saison bringt ihre eigenen Herausforderungen, aber auch ihre Schönheiten mit."

„So wie ich gelernt habe, auf High Heels zu laufen, kann ich auch lernen, mit den Höhen und Tiefen des Lebens umzugehen – mit Eleganz und Selbstvertrauen."

Dieser Teil der Übung zielt darauf ab, deine Resilienz aktiv zu stärken. Indem du dein inspirierendes „Motto" wählst schaffst du ein solides Fundament, das dich befähigt, zukünftige Herausforderungen mit Zuversicht und Stärke zu meistern. Es ist ein bewusster Prozess, der dich daran erinnert, dass du fähig bist, nicht nur zu überleben, sondern zu wachsen und zu blühen, egal was auf dich zukommt.

4. Optimismus

Reflexion: Halte einen Moment inne und betrachte deine gegenwärtige Einstellung zum Leben und zur Zukunft. Wie färbt sich dein Blick auf das, was vor dir liegt? Entdeckst du Schatten des Pessimismus in Ecken, die eigentlich vom Licht der Hoffnung durchflutet sein könnten?

Anwendung: Um deine Welt mit den Farben des Optimismus neu zu malen, suche dein Vision Board auf den ersten Seiten des MOMS CLUB-Journals auf. Falls du dies noch nicht angelegt hast, beginne jetzt mit der Gestaltung deines Vision Boards oder erstelle eine Liste, die all deine Träume und Hoffnungen für die Zukunft einfängt.

Wähle einen Traum aus, der dir besonders am Herzen liegt, und formuliere drei positive Affirmationen[4], die diesen Traum unterstützen und deinen Optimismus täglich stärken. Diese Affirmationen könnten sein:

„Wenn ich an meinen Traum denke, fühle ich eine tiefe Verbindung und Leidenschaft, die mich antreibt und inspiriert.“

„Jede Herausforderung auf meinem Weg ist eine Gelegenheit zu lernen, zu wachsen und meinem Traum näher zu kommen.“

„Mit Zuversicht und Hingabe gestalte ich meine Realität so, dass mein Traum mit jedem Tag greifbarer wird.“

Lass diese Affirmationen zu deinen täglichen Begleitern werden, zu Worten, die dich nähren und leiten. Jedes Mal, wenn du sie aussprichst oder liest, erinnere dich daran, dass du die Designerin deiner eigenen Realität bist, fähig, Licht in jede Dunkelheit zu bringen. Dein Optimismus ist eine Kraft, die nicht nur dein eigenes Leben erhellt, sondern auch die Welt um dich herum.

Mit dieser praktischen Übung hast du den ersten farbigen Entwurf in das Skizzenbuch deiner persönlichen Entwicklung gebracht. Jede Handlung, jeder Moment der Reflexion und Anwendung ist wie das Kreieren eines weiteren einzigartigen Entwurfs für deine persönliche Kollektion, die dich auf deinem Weg zu einem Leben voller Tiefe, Erfolg und unermesslichen Möglichkeiten kleidet. Wende diese Übung alle 3 Monate an, als würdest du eine neue Kreation zu deiner Garderobe hinzufügen, um den Wandel in deinen Gedanken zu spüren und deinen individuellen Stil des Wachstums zu verfeinern.

Denke daran, dass wahre Veränderung Zeit und Geduld erfordert. Jede noch so kleine Veränderung und jeder bewusste Schritt vorwärts markiert einen wichtigen Fortschritt auf deinem Weg zu einem erfüllten Leben. Feiere diese Fortschritte, denn sie sind bedeutende Errungenschaften in deiner persönlichen Entwicklung und tragen dazu bei, deinen individuellen Weg zu formen und zu definieren.

---

[4] Eine Affirmation ist eine positive Aussage, die man bewusst wählt und wiederholt, um sich selbst zu ermutigen und seine Gedanken und Überzeugungen in eine positive Richtung zu lenken.

✦ Goldnugget

Das „Fake it till you make it"-Prinzip: *Eine modische Strategie für Selbstvertrauen und Erfolg*

In der Welt der Mode ist das Anprobieren verschiedener Stile mehr als nur eine Frage der Ästhetik; es ist ein Akt der Selbstentdeckung und des Ausdrucks. Diese Metapher lässt sich wunderbar auf das „Fake it till you make it"-Prinzip übertragen, das eine ähnlich transformative Kraft in unserem persönlichen und beruflichen Leben entfalten kann.

„Fake it till you make it" lädt uns ein, die Rolle der Person, die wir sein möchten, zu übernehmen, bevor wir uns vollständig dafür bereit fühlen. Es geht darum, Selbstvertrauen, Zuversicht und Kompetenz zu „tragen" oder auszuprobieren, auch wenn wir uns innerlich noch unsicher fühlen. Wie ein maßgeschneidertes Kleid, das unsere Haltung verändert und uns selbstbewusster macht, sobald wir hineinschlüpfen, hilft uns diese Praxis, in eine stärkere Version von uns selbst hineinzuwachsen.

Das Prinzip hat seinen Ursprung in der psychologischen Forschung, die zeigt, dass unsere Körperhaltung, Mimik und Handlungen unsere Gefühle und Gedanken beeinflussen können. Indem wir die äußeren Merkmale von Selbstsicherheit und Erfolg annehmen, beginnen wir, diese auch innerlich zu fühlen. Es ist, als würden wir durch das Experimentieren mit verschiedenen „Outfits" unseres Selbstvertrauens herausfinden, welche am besten zu uns passen.

Um dieses Prinzip effektiv anzuwenden, beginne mit kleinen Schritten. Setze dir täglich das Ziel, eine Haltung oder Fähigkeit zu „tragen", die du entwickeln möchtest. Möchtest du selbstbewusster auftreten? Übe, direkten Augenkontakt zu halten und eine offene Körperhaltung einzunehmen. Möchtest du gelassener wirken? Nimm dir einen Moment, tief durchzuatmen und bewusst zu entspannen, bevor du auf eine Herausforderung reagierst.

Wichtig ist, dass „Fake it till you make it“ nicht bedeutet, unauthentisch zu sein oder sich zu verstellen. Vielmehr geht es darum, eine Version von dir selbst zu erforschen und zu entwickeln, die bereits in dir schlummert. Wie eine Designerin, die an einem neuen Entwurf arbeitet, experimentierst du mit verschiedenen Aspekten deines Seins, bis du die perfekte Kombination findest, die deine innere Stärke und Schönheit widerspiegelt.

Mit jedem Tag, an dem du dieses Prinzip praktizierst, wirst du feststellen, dass die Grenzen zwischen „Faken“ und „Machen“ verschwimmen. Was einst als bewusste Anstrengung begann, wird zu einem natürlichen Teil deiner Persönlichkeit. Dein neu gefundenes Selbstvertrauen und deine Kompetenzen werden zu deinen Signaturstücken – unverwechselbar, authentisch und voller Stil.

Das „Fake it till you make it“-Prinzip ist somit ein kraftvolles Werkzeug auf deinem Weg zu persönlichem Wachstum und Erfolg. Es ermutigt dich, kraftvoll die Rollen anzunehmen, die du in deinem Leben spielen möchtest, und versichert dir, dass du das Potenzial hast, sie mit Bravour zu meistern. So, wie die richtige Kleidung uns verwandeln kann, so kann die Haltung, die wir wählen, unser Leben bereichern und uns näher an unsere Träume bringen.

Kleine Weisheiten - große Veränderungen

Tracy´s Aufruf zu Kaiserschmarren

In den letzten Jahren habe ich so oft gelesen und gehört: „Mindset ist alles!“ Vor allem von diesen selbsternannten Internet-Coaches. Du kennst sie doch auch, oder? Die, die Coaches coachen, die wiederum andere Coaches coachen. Ein echtes Coachception-Phänomen! □ Aber mal im Ernst Ladies, ich kann diese Meinung nicht ungebremst teilen. Mindset ist nicht alles – es ist der Kickstart. Dein positives Leben fängt mit deinen positiven Gedanken an, mit deinem „Gedanken-Set“, das du dir so liebevoll wie Omas Stricksocken zurechtlegst.

Und dann, Trommelwirbel bitte... musst du ins Handeln kommen! Denn mal ehrlich, auch wenn ich mir vorstelle, ein herrlicher Kaiserschmarrn mit einer dicken Schicht Puderzucker schwebt magisch durch mein Fenster – er wird nicht einfach so angeflogen kommen. Was bleibt, ist entweder selbst die Kochschürze zu schwingen oder zu meiner Mama rüberzuschlendern, die zaubert nämlich den besten Kaiserschmarrn des Universums. Der Weg dorthin ist vielleicht nicht weit, aber hey, ich muss ihn gehen.

In diesem Sinne, meine Liebe, wünsche ich dir einen Riesenspaß beim Ausprobieren deines neuen Mindsets. Das kann so spannend sein wie die erste Folge deiner Lieblingsserie und ich verspreche dir: Das eine oder andere kleine Wunder wird definitiv bei dir zum Fenster reinflattern, wenn DU daran glaubst. Denn am Ende des Tages ist es wie mit dem Kaiserschmarrn – die Magie passiert nicht einfach so, sie braucht jemanden, der den Herd anschaltet. Lass uns also unsere „Gedanken-Kochschürzen“ umbinden und das Leben anbrutzeln. Wer weiß, vielleicht ist ja der nächste Kaiserschmarrn, der bei dir landet, mit einer Extraportion Glück serviert!

„Mach aus deinen Träumen eine Realität!“

Kapitel 04

Geheimnis Nummer 2

Glaubenssätze: Positive Gedankenmuster entwerfen

Dieses Kapitel ist wie eine exklusive Anprobe für deine innere Garderobe, bereit, deine Selbstwahrnehmung und deine Sicht auf die Welt neu zu gestalten. Ob dir der Begriff „Glaubenssätze“ bereits vertraut ist oder neu erscheint, du wirst bald entdecken, welche entscheidende Rolle diese unsichtbaren Fäden in unserem Leben spielen.

Glaubenssätze sind die Grundmuster unseres inneren Kleiderschranks, die unser Denken, Fühlen und Handeln subtil formen. Sie sind wie die Designerbrille, durch die wir die Welt betrachten – ein Filter, der unsere Reaktionen auf das, was um uns herum geschieht, färbt. Während einige dieser Überzeugungen uns antreiben und dazu inspirieren, unseren Zielen zu folgen, können andere uns einengen und daran hindern, unsere volle Pracht zu entfalten.

„Der erste Schritt das zu bekommen, was du willst ist, ist das los zu werden, was du nicht willst.“

Stell dir vor, du würdest eine Brille tragen, die alles um dich herum in gedämpften Farben zeigt. Wie würde das deine Sicht auf deine Möglichkeiten beeinflussen? Genau so können negative Glaubenssätze wirken: Sie lassen uns in einem Zustand der Beschränkung verharren, selbst wenn die Wirklichkeit ein lebendiges Farbspektrum bereithält. Doch genau wie du eine trübe (Fake-) Brille ablegen und durch ein klares „Original“ ersetzen kannst, hast du auch die Macht, deine einschränkenden Glaubenssätze zu erkennen und durch leuchtende, positive zu ersetzen.

In diesem Kapitel lernst du, deine eigenen Glaubenssätze wie Kleidungsstücke auf Qualität zu prüfen und diejenigen auszusortieren, die nicht mehr zu deinem Stil passen. Du wirst entdecken, dass viele der Grenzen in deinem Leben veränderbar sind und oft durch deine eigene Sichtweise erschaffen wurden. Wir werden gemeinsam kreative Schnittmuster entwickeln, um negative Denkweisen zu überwinden und neue, positive Glaubenssätze zu schneidern, die dein Leben mit Frische und Freude erfüllen.

Bereite dich darauf vor, deine Gedanken neu zu kleiden und die Welt aus einer inspirierenden Perspektive zu betrachten. Dieses Kapitel ist nicht nur eine Anleitung zur Selbstverbesserung; es ist eine Einladung zu einem modischen Umstyling deiner inneren Welt. Lass uns diesen stilvollen Weg gemeinsam gehen, mit offenen Herzen und dem Mut, unsere tiefsten Überzeugungen zu überdenken und neu zu entwerfen.

Dein Umstyling beginnt mit einem entscheidenden Akt: dem Erkennen deiner limitierenden Glaubensmuster. Diese tief verankerten Überzeugungen sind oft so gut in unsere alltägliche Garderobe integriert, dass sie unsichtbar werden, versteckt hinter den Kulissen unseres Bewusstseins. Das Aufdecken und Bewusstmachen dieser verborgenen „Modeflops" ist jedoch der Schlüssel zu deiner Freiheit und der vollen Entfaltung deines Potenzials.

Vielleicht sind dir einige dieser negativen Glaubenssätze bekannt:

- „Ich muss alles perfekt machen, um erfolgreich zu sein." Ein Glaubenssatz, der zu unnötigem Stress und dem Gefühl der Unzulänglichkeit führt.

- „Als Mutter ist es egoistisch, Zeit für mich selbst einzufordern, zuerst kommen meine Kinder dran." Ein Gedanke, der verhindert, dass du dir die notwendigen Pausen nimmst, die für dein Wohlbefinden unerlässlich sind.

- „Ich kann keine erfolgreiche Karriere haben und gleichzeitig eine gute Mutter/Partnerin sein." Eine Überzeugung, die einen Konflikt zwischen beruflichen Zielen und Familienleben schafft.

- „Meine Bedürfnisse sind nicht so wichtig wie die meiner Familie." Ein Glaubenssatz, der langfristig zu Resignation und Verlust der persönlichen Identität führen kann.

- „Wenn ich um Hilfe bitte, zeige ich Schwäche." Eine Überzeugung, die zu Isolation führt und dich mehr Lasten tragen lässt, als du alleine bewältigen kannst.

- „Es ist zu spät, um neue Wege zu gehen oder mich zu verändern." Eine Haltung, die dich davon abhält, deine Träume zu verfolgen und dein Leben aktiv zu gestalten.

Und nun halte einen Moment inne. Welche dieser Überzeugungen klingen vielleicht allzu vertraut? Es ist völlig normal, dass wir alle in gewissem Maße von diesen oder ähnlichen Glaubenssätzen beeinflusst werden. Die gute Nachricht jedoch ist: Du besitzt die Kraft, sie zu verändern.

Das Kleid der Überzeugungen: *Die Macht der Glaubenssätze verstehen*

Glaubenssätze sind wie die Kleidungsstücke unserer Psyche, sorgfältig in die Fasern unseres Bewusstseins eingewoben. Diese inneren Überzeugungen beeinflussen unser Selbstbild, formen unsere Entscheidungen und färben unser allgemeines Wohlbefinden. Ein tieferes Verständnis dieser mentalen Garderobe ermöglicht uns, zu erkennen, wie negativ geprägte Glaubensmuster uns einengen und wie die Neugestaltung dieser Muster in positive Überzeugungen uns aktiv auf dem Weg zu unserem Glück kleiden kann. Hier geht es nicht nur um die Theorie, sondern um das Anpassen und Tragen dieser Einsichten, um greifbare Veränderungen in unserem Leben zu kreieren.

Negative Glaubenssätze sind wie unsichtbare Ketten, die unsere Gedanken und Gefühle in ständiger Umklammerung halten. Sie beeinflussen, wie wir uns selbst im Spiegel betrachten, wie wir Entscheidungen treffen und wie wir die Laufstege unserer Welt betreten.

Viele Frauen fühlen sich gezwungen, in allen Bereichen ihres Lebens – als Mutter, Partnerin und im Berufsleben – perfekt zu sein. Der Glaubenssatz, „nicht gut genug zu sein“, webt ein enges Korsett, besonders in einer Gesellschaft, die hohe Erwartungen an die Rolle der Frau knüpft. Die ständige Selbstkritik und der Vergleich mit anderen schneiden tief in den Stoff unserer Selbstachtung.

Wenn wir uns selbst als zum Scheitern verurteilt sehen oder glauben, unsere Anstrengungen seien letztlich ohne Bedeutung, schwächt dies unsere Fähigkeit, klare und kühne Entscheidungen zu treffen. Die Furcht vor dem Fehltritt fesselt uns und hält uns davon ab, Wege zu erkunden, die uns Wachstum und Erfüllung versprechen.

Diese Schleierschichten der Angst und die Überzeugung, unsere Anstrengungen könnten vergeblich sein, sind besonders spürbar für Frauen, die nach einer Balance zwischen ihrem privaten und Leben suchen. Der Druck, die „richtigen“ Entscheidungen zu treffen, kann lähmend sein und dazu führen, dass Möglichkeiten aus Angst vor Fehlern ungenutzt bleiben.

Doch genau so, wie wir unsere tief verwurzelten Glaubenssätze in der Vergangenheit angenommen und verinnerlicht haben, können wir sie mit Engagement auch wieder ablegen. Es ist wie mit einem Geschenk, das nicht zu uns passt: Danke, aber nein danke! Ach ja, und bevor ich es vergesse, es gibt auch positive Glaubenssätze, die unser Leben wunderbar bereichern und die wir gerne für uns umarmen dürfen. Ich zum

Beispiel habe in meiner Kindheit immer wieder den Satz von meinen Eltern gehört: „Schatz, du bist wunderbar. Du kannst alles erreichen, wenn du nur möchtest." Und so habe ich manche Entscheidungen in meiner Kindheit und Jugend gar nicht in Frage gestellt, weil ich ja tief in mir wusste, dass ich wunderbar bin und alles erreichen kann, was ich will.

Bevor wir uns jedoch in der nächsten praktischen Übung deinen Glaubenssätzen zuwenden, die dir nicht mehr dienen und die du gerne zurückgeben darfst, schauen wir uns noch Lenas Transformation an.

Praktisches Beispiel

Lena's Transformation:
Überwindung limitierender Glaubenssätze

Lena, eine 35-jährige Grafikdesignerin und Mutter von zwei kleinen Kindern, stand vor einer beruflichen und persönlichen Sackgasse. Trotz ihres Talents und ihrer Leidenschaft für Design, hielt sie eine tief verwurzelte Überzeugung zurück: „Ich bin nicht gut genug, um mich selbstständig zu machen". Diese limitierende Überzeugung, geerbt von Generationen, die Sicherheit über Leidenschaft stellten, verhinderte, dass Lena ihre Träume verwirklichte.

Jahrelang arbeitete sie in einem unbefriedigenden Job, der weder ihrer Kreativität noch ihrem Wunsch nach einem flexibleren Zeitplan für ihre Familie gerecht wurde. Die Sehnsucht, ihre eigene Chefin zu sein, war groß, doch die Angst vor dem Scheitern und die Sorge, ihre Familie finanziell nicht unterstützen zu können, lähmten sie.

Die Wende kam, als Lena an einem Workshop für weibliche Unternehmer teilnahm. Hier traf sie andere Frauen, die ähnliche Ängste überwunden hatten. Inspiriert von ihren

Geschichten, begann Lena, ihre eigenen Glaubenssätze zu hinterfragen und erkannte, dass die einzige Barriere zwischen ihr und ihrem Traum sie selbst war.

Mit der Unterstützung eines Coachs arbeitete Lena an der Umstrukturierung ihrer Gedanken. Sie ersetzte „Ich bin nicht gut genug“ durch „Ich habe einzigartige Fähigkeiten und Werte anzubieten“. Schritt für Schritt begann sie, an kleinen Projekten zu arbeiten, baute ihr Portfolio aus und vernetzte sich mit Gleichgesinnten.

Der Prozess war nicht einfach. Es gab Rückschläge, Momente der Selbstzweifel und Zeiten, in denen der alte Glaubenssatz wieder laut wurde. Aber Lena ließ nicht nach. Sie hielt an ihrer Vision fest, nutzte die Rückschläge als Lernchancen und baute langsam aber sicher ihr Selbstvertrauen auf.

Ein Jahr später war Lenas Freelancer-Karriere nicht nur erfolgreich gestartet, sondern sie genoss auch die Freiheit und Flexibilität, die sie sich immer gewünscht hatte. Die Beziehung zu ihren Kindern und ihrem Partner vertiefte sich, da sie nun mehr präsent und ausgeglichen war.

Lena's Geschichte ist ein leuchtendes Beispiel dafür, wie die Überwindung limitierender Glaubenssätze nicht nur den Weg zu beruflichem Erfolg ebnen kann, sondern auch zu einem erfüllteren und ausgewogeneren Leben führt. Sie zeigt, dass mit Mut, Ausdauer und der Bereitschaft, sich den eigenen inneren Dämonen zu stellen, jede Frau ihre Träume in die Realität umsetzen kann.

Inspiriert von Lenas Weg, lade ich dich nun ein, selbst aktiv zu werden. Auf der nächsten Seite findest du eine Übung, die darauf abzielt, deine eigenen „schlechten Glaubenssätze zu identifizieren und sie in positive, lebensbejahende Überzeugungen umzuwandeln.

„Das Geheimnis des
Wandels besteht darin,
all deine Energie nicht
darauf zu verwenden,
das Alte zu bekämpfen,
sondern auf das Neue
zu bauen.“

Sokrates

Praktische Übung:

Deine Reise zur Transformation deiner Glaubenssätze

„Bist du bereit für eine Transformation, die tief von innen kommt? Nimm dein MOMS CLUB-Journal oder ein leeres Blatt Papier und Stifte zur Hand und mach es dir an einem ruhigen Platz gemütlich – es ist Zeit, dich deiner persönlichen Entwicklung zu widmen.

Schritt 1: Selbstreflexion als Fenster zu deiner Seele

Lass uns mit einer ehrlichen Selbstreflexion beginnen. Diese wird dir helfen, jene verborgenen, negativen Glaubenssätze zu entdecken, die dein Leben unbemerkt steuern. Stelle dir bitte folgende Fragen:

- In welchen Momenten fühle ich mich besonders gestresst oder überfordert?
- Welche Gedanken begleiten mich, wenn ich versuche, meine Rollen als Mutter, Partnerin und Berufstätige zu balancieren?
- Welche Überzeugungen halten mich davon ab, mir Zeit für mich selbst zu nehmen oder Unterstützung zu suchen?

Schreibe deine Antworten nieder. Dieser bewusste Moment des Innehaltens ist der Schlüssel, um die Schatten deiner negativen Glaubenssätze zu beleuchten.

Schritt 2: Identifizierung negativer Glaubenssätze

Betrachte deine Gedanken und Gefühle als Rohstoffe auf dem Zuschneidetisch deiner Persönlichkeit. Durchforste deine Notizen wie eine Designerin, die nach Mustern für ihre nächste Kollektion sucht. Identifiziere die negativen Glaubenssätze, die wie unpassende Stoffe deine innere Garderobe verunstalten. Erkenne zum Beispiel den Glaubenssatz „Ich kann nur erfolgreich sein, wenn ich alles selbst mache“ als das, was er wirklich ist: ein veraltetes Muster, das neu gestaltet werden muss.

Schritt 3: Neugestaltung negativer Glaubenssätze

Jetzt, da du die Muster erkannt hast, ist es Zeit, sie in etwas Schönes umzuwandeln. Für jeden negativen Glaubenssatz erschaffe eine positive Aussage. Verwandle „Ich muss alles perfekt machen" in „Ich gebe mein Bestes und erlaube mir auch aus meinen Fehlern zu lernen" Aus „Ich darf als Mutter keine Schwäche zeigen" wird: „Es ist stark, als Mutter Unterstützung zu suchen und meine Gefühle offen zu zeigen." Dieser Schritt ist, als würdest du deine eigene Kollektion entwerfen – diesmal mit dir selbst als der strahlenden Muse.

Schritt 4: Verankerung der neuen Überzeugungen

Mache deine neu entworfenen, positiven Glaubenssätze zu Schlüsselstücken deiner täglichen Garderobe. Notiere sie auf Karten, die wie Accessoires deinen Tag verschönern, und platziere sie, wo du sie immer sehen kannst – als Erinnerung an dein wahres Ich. Diese positiven Affirmationen werden zu deinen Lieblingsstücken, die dich täglich daran erinnern, in deiner vollen Pracht zu strahlen.

Schritt 5: Tägliche Anwendung und Reflexion

Beginne jeden Morgen, indem du deine neuen Glaubenssätze wie ein Lieblingsoutfit anziehst. Lass sie dein Motto sein, insbesondere wenn du vor Herausforderungen stehst.

Für dich beginnt jetzt eine neue Ära! Mit der Durchführung dieser Übung hast du einen mutigen Schritt in Richtung eines erfüllten Lebens als Frau und Mutter getan. Dies ist der Beginn deiner Reise zu tiefer Selbstakzeptanz, innerer Balance und wahrem Glück. Wenn du noch zögerst, starte jetzt – es gibt keinen besseren Zeitpunkt als diesen Moment, um die Grundlagen für ein erfülltes Leben zu legen.

Und nun lass dich von Michaela inspirieren: Ihre Geschichte ist ein lebendiges Beispiel dafür, dass jeder Schritt zur Selbstentdeckung uns näher an das Leben bringt, das wir uns wünschen. Der Schlüssel dazu liegt in der Bereitschaft, unsere Glaubenssätze mutig zu hinterfragen und sie mit Absicht neu zu formen.

Praktisches Beispiel

Michaelas Metamorphose:
Von Perfektion zu echter Selbstentfaltung

In der behaglichen Stille ihres Wohnzimmers findet Michaela, eine 32-jährige Mutter von vier Kindern, endlich einen Moment des Friedens. Jeden Tag schlüpft sie in die vielfältigen Rollen, die das Leben von ihr verlangt – perfekte Mutter, aufmerksame Partnerin, zuverlässige Freundin. Doch hinter dieser Fassade kämpft sie mit einer tief sitzenden Unsicherheit, die von dem Glauben genährt wird, in keinem Bereich ihres Lebens wirklich gut genug zu sein. Die unausgesprochene Überzeugung, überall außergewöhnlich sein zu müssen, lastet schwer auf ihr.

Getrieben von Selbstzweifeln und unrealistischen Standards, die sie sich selbst auferlegt hat, findet Michaela kaum Ruhe. Fragen wie „Bin ich eine gute Mutter, wenn das Abendessen nicht hausgemacht ist?" oder „Entferne ich mich von meinem Partner, wenn wir nicht jede Woche einen Date-Abend haben?" quälen sie. Diese Fragen bilden nur die Spitze eines Eisbergs an Selbstzweifeln, die aus dem giftigen Glaubenssatz „Ich muss perfekt sein, sonst bin ich nicht genug" entspringen.

Unter dieser Last nach Perfektion verbirgt sich jedoch eine Sehnsucht nach wahrer Anerkennung – nicht für das, was sie tut, sondern für die Person, die sie ist. Der konstante Druck, alles im Gleichgewicht zu halten – Familie, Beziehung, Freundschaften– ohne jemals einen Fehler zu machen, hat Michaela an den Rand der Erschöpfung geführt. Sie fühlt sich, als würde sie in einem Hamsterrad laufen, immer schneller, ohne jemals vorwärtszukommen oder innehalten zu können.

In jenem Moment der Stille, nur erleuchtet durch das sanfte Schimmern einer Tischlampe, entscheidet Michaela, sich den Schatten ihrer negativen Glaubenssätze zu stellen. Mit einem tiefen Atemzug beginnt sie ihre Reise der Selbstreflexion, entschlossen, die Fesseln ihrer selbstauferlegten Perfektion zu sprengen und das strahlende Licht wahrer Selbstentfaltung zu entdecken.

Schritt 1: Selbstreflexion

Michaela stellt sich mutig den Fragen, die die verborgenen Schatten ihrer negativen Glaubenssätze beleuchten sollen. „Wann fühle ich mich besonders überfordert?" Ihre Antworten fließen ehrlich und ungeschönt auf das Papier und enthüllen die Momente, in denen sie es sich erlaubt, die Maske der Unfehlbarkeit abzulegen. Der Glaubenssatz „Ich muss perfekt sein, um eine gute Mutter zu sein" zeigt sich als ein gnadenloser Schatten, der sie verfolgt.

Schritt 2: Erkennen negativer Glaubenssätze

Die negativen Glaubenssätze, die tief in Michaela verwurzelt sind, treten klar zutage, wie gespenstische Echos ihrer tiefsten Ängste. „Ich bin egoistisch, wenn ich nicht für jeden da bin", „Meine Bedürfnisse sind zweitrangig" – diese Worte sind die unsichtbaren Fesseln, die Michaela in Selbstbeschränkung halten. In diesem Moment der stillen Offenbarung beginnt Michaelas Weg der Befreiung.

Schritt 3: Umschreiben negativer Glaubenssätze

Mit zitternden Händen, aber einem festen Entschluss im Herzen, verwandelt Michaela die Dunkelheit ihrer Ängste in Leuchtfeuer der Hoffnung. „Ich bin eine liebevolle Mutter, auch wenn nicht immer alles perfekt ist", wird zu ihrem neuen Leitmotiv. Sie erkennt, dass wahre Schönheit und Authentizität in der Unvollkommenheit liegen, in der Echtheit jedes gelebten Moments.

Schritt 4: Verankerung der neuen Glaubenssätze

Wie Samen der Zuversicht, die sie in jeden Winkel ihres Zuhauses streut, werden Michaelas neu formulierte Glaubenssätze zu täglichen Erinnerungen an ihr Potential und ihre Wachstumsmöglichkeiten. Jede Notiz, die sie platziert, ist ein Bekenntnis zu ihrer eigenen Transformation, erinnert sie daran, dass sie die Macht besitzt, ihr Leben durch die Veränderung ihrer Gedanken neu zu gestalten.

Schritt 5: Tägliche Anwendung und Reflexion

Michaela beginnt ihren Tag, indem sie die Schublade ihres Nachtkästchens öffnet und ihre Sammlung neuer Glaubenssätze durchliest. Die Kraft dieser sorgfältig ausgewählten Worte füllt sie mit Positivität und lässt sie voller Freude in den neuen Tag starten.

Ein Jahr, nachdem Michaela den entscheidenden Schritt unternommen hat, sich ihren negativen Glaubenssätzen zu stellen und sie positiv umzuformulieren, hat sich ihr Leben enorm bereichert. Die Last der Perfektion hat sich in eine freudige Akzeptanz ihrer Unvollkommenheit verwandelt. Ihre Beziehungen sind tiefer und erfüllter und ihre Tage sind geprägt von Dankbarkeit und dem Genuss der kleinen Dinge des Lebens. Michaela hat gelernt, sich selbst Raum und Gnade zu gewähren, und entdeckt, dass wahre Stärke in der Fähigkeit liegt, sich selbst Liebe und Fürsorge entgegenzubringen.

Michaelas Geschichte ist eine Inspiration, ein Beweis dafür, dass die Veränderung unserer inneren Dialoge das gesamte Spektrum unseres Lebens zum Positiven wenden kann. Sie lädt uns ein, den ersten Schritt zu wagen, unsere Glaubenssätze zu hinterfragen und sie bewusst zu gestalten – auf dem Weg zu einem Leben voller Selbstakzeptanz, Balance und Glück.

Kapitel 05

Geheimnis Nummer 3

Selbstliebe[5] und Selbstfürsorge[6]

[5] **Selbstliebe** ist die Kunst, dich selbst bedingungslos anzunehmen und wertzuschätzen. Es ist ein tiefer Respekt vor deinem eigenen Sein, der dir erlaubt, dich in all deiner Unvollkommenheit voll und ganz zu lieben. Selbstliebe ist der erste Schritt zu einem erfüllten Leben, in dem du dich selbst als deine höchste Priorität siehst.

[6] **Selbstfürsorge** ist die Praxis, durch die Selbstliebe aktiv wird. Sie umfasst alles, was du tust, um dein körperliches, geistiges und seelisches Wohlbefinden zu nähren. Von der Ernährung über Bewegung bis hin zu mentaler Gesundheit – Selbstfürsorge ist dein persönliches Werkzeugset, mit dem du dich jeden Tag aufs Neue umarmst und unterstützt.

Stell dir vor, du stehst vor einem Kleiderschrank, der voll ist mit Outfits, die deine einzigartige Persönlichkeit widerspiegeln. Jedes Stück, sorgfältig ausgewählt, spiegelt einen Teil von dir wider, von deinem Mut bis zu deiner Zärtlichkeit. Dieses Kapitel ist wie die Entdeckung zwei neuer Kleidungsstücke, die perfekt zu dir passen: Selbstliebe und Selbstfürsorge. Es geht hier nicht um kurzlebige Modetrends, sondern um zeitlose Klassiker, die das Fundament deines Seins stärken.

Ich lade dich ein, gemeinsam mit mir in den Spiegel zu blicken und die Schönheit zu sehen, die schon immer da war. Es ist an der Zeit, die alten Outfits, die nicht mehr zu dir passen – die Zweifel, Ängste und limitierenden Überzeugungen – auszusortieren und durch neue, die deine wahre Essenz zum Strahlen bringen, zu ersetzen.

In diesem Kapitel entdeckst du, wie du durch Selbstliebe deine innere Garderobe mit Stücken füllst, die nicht nur äußerlich begeistern, sondern auch innerlich wärmen. Wir erkunden gemeinsam, wie Selbstfürsorge dir hilft, bewusst Entscheidungen zu treffen, die dein Leben mit Freude, Zufriedenheit und einem tiefen Gefühl der Erfüllung anreichern.

Bist du bereit, die Trends zu setzen, anstatt ihnen zu folgen? Lass uns die Reise beginnen, auf der du lernst, dich selbst an die erste Stelle zu setzen – mit Stil, Anmut und der unerschütterlichen Überzeugung, dass du es verdienst, geliebt zu werden, genau so, wie du bist.

Die Essenz der Selbstliebe

Selbstliebe ist das Fundament, auf dem ein erfülltes Leben erbaut wird, nicht bloß ein netter Gedanke für den Moment. Sie ist die Kunst, dir selbst mit der gleichen Wärme, Geduld und Liebe zu begegnen, die du anderen schenkst. Es geht darum, mutig ja zu deiner Menschlichkeit zu sagen – mit all ihren Makeln, Unsicherheiten und der ungeschliffenen Echtheit. Es bedeutet, dir im Spiegel tief in die Augen zu schauen und zu erkennen: „Ich bin genug. Ich bin wertvoll. Ich verdiene Liebe, nicht trotz, sondern gerade wegen meiner Imperfektionen."

Selbstliebe reicht weit über das Ich hinaus und berührt jeden Aspekt deines Lebens. Sie ist der Nährboden, aus dem Selbstvertrauen und Mut sprießen. Sie prägt, wie du Entscheidungen triffst, Beziehungen gestaltest und jeden Moment erlebst. Sie ist deine innere Kraftquelle, die dich stärkt und dich durch alle Stürme trägt.

Ohne Selbstliebe sind wir wie Bäume ohne Wurzeln – leicht umzuwerfen bei der ersten Böe. Doch mit Selbstliebe verwandeln wir uns in starke Bäume, tief verwurzelt und bereit zu blühen, genährt von unserem eigenen inneren Leuchten.

Selbstliebe zu pflegen heißt, eine tiefe, respektvolle und annehmende Beziehung zu dir selbst aufzubauen. Es heißt, dir die Freiheit zu geben, glücklich zu sein,

Träumen nachzugehen und dich als das liebenswerte Wesen zu akzeptieren, das du bist. Es ist ein stetiger Prozess, der dich dazu herausfordert, die Stimmen der Selbstkritik zu besänftigen, deine tiefsten Ängste anzunehmen und letztlich zu erkennen, dass du, genau so wie du bist, vollkommen genug bist.

In diesem Licht gesehen, ist Selbstliebe kein Selbstzweck, sondern ein Akt der Selbstachtung, der es dir ermöglicht, dein wahres Potenzial zu entfalten. Indem du lernst, dich selbst zu lieben, eröffnest du dir ein Leben voller Freude, Zufriedenheit und unendlicher Möglichkeiten – ein Leben, in dem du nicht nur existierst, sondern in voller Pracht lebst.

Herausforderungen auf dem Laufsteg der Selbstliebe

Auf deinem Weg zur Selbstliebe begegnest du verschiedenen Hindernissen, ähnlich den anspruchsvollen Passagen eines Laufstegs. Diese Stolpersteine, tief verwurzelt in den Erwartungen, die die Gesellschaft an uns stellt, sind wie enge Kleidungsstücke, die nicht wirklich passen. Sie engen uns ein und lassen uns vergessen, wer wir wirklich sind, flüstern uns ein, dass wir uns anpassen müssen, um Anerkennung zu finden.

Dann gibt es die ständige Selbstkritik, unseren inneren Kritiker, der uns für jeden Fehltritt tadelt. Diese Stimme, die uns klein hält, sagt, wir seien nicht genug, nicht erfolgreich, nicht liebenswert. Ich erzähle dir später noch mehr erfahren über diesen ungebetenen Gast.

Und natürlich die schmerzhaften Vergleiche mit anderen. In einer Ära, dominiert von den perfekt inszenierten Bildern der sozialen Medien, ist es eine Herausforderung, sich nicht ständig zu messen. Diese Vergleiche lassen uns unsere eigene, einzigartige Schönheit und Stärke übersehen und suggerieren uns, dass wir immer hinterherhinken.

Diese Hindernisse sind nicht nur Hürden auf unserem Weg, sie schützen auch unsere schmerzhaftesten Gefühle – Geschichten, in denen wir uns unzulänglich und unwürdig fühlen. Sie zu überwinden bedeutet mehr als nur den Wunsch nach Veränderung. Es braucht Mut und die Bereitschaft, sich unseren tiefsten Ängsten zu stellen, sowie das feste Vertrauen darauf, dass wir Liebe verdienen, einfach weil wir sind.

Sich diesen Herausforderungen zu stellen, bedeutet, eine liebevolle Beziehung zu dir selbst aufzubauen – ein Unterfangen, das dich erschüttern kann, aber auch unermesslich belohnt. Es ist der Prozess, durch den du nicht nur dein eigenes Licht entdeckst, sondern auch lernst, dieses Licht in die Welt zu tragen. Indem du lernst, dich selbst zu lieben und für dich zu sorgen, erschließt du eine Kraftquelle in dir – die Kraft, dein Leben und letztlich die Welt um dich herum positiv zu verändern.

Selbstfürsorge:
Deine tägliche Portion Selbstliebe

Selbstfürsorge ist das Fundament der Selbstliebe, eine handfeste Aktion, die unsere Worte der Selbstakzeptanz und Wertschätzung lebendig macht. Es handelt sich um ein vielschichtiges Konzept, das weit über sporadische Verwöhnrituale hinausgeht. Vielmehr ist es eine ganzheitliche Praxis, die deinen Körper, Geist und Seele nährt und stärkt.

Lass mich dir die drei Säulen der Selbstfürsorge vorstellen: Vitalität, Nahrung und Geisteskraft.

Diese drei Säulen sind das solide Fundament, auf dem du ein Leben voller Selbstliebe und Wohlbefinden errichten kannst, die Basics in deinem Kleiderschrank so zu sagen! Sie erinnern uns daran, dass wahre Fürsorge sowohl deinen Körper als auch deinen Geist einschließt.

Vitalität durch körperliche Bewegung

Die erste Säule, Vitalität, speist sich aus der lebensspendenden Energie regelmäßiger Bewegung. Hier geht es nicht um sportliche Spitzenleistungen oder den Aufbau von Muskelbergen, sondern um das pure Vergnügen an der Bewegung selbst. Ob Yoga, Tanzen, ein Spaziergang in der Natur oder ein leichtes Workout – finde die Bewegungsform, die dir Freude bereitet. Diese Aktivitäten senken den Stress, fördern Glückshormone und stärken deine Gesundheit. Sie sind deine Art, deinen Körper zu schätzen und deine Vitalität zu unterstützen.

Nahrung für deinen Körper und deine Seele

Die zweite Säule, Nahrung, dreht sich um die Art und Weise, wie du dich selbst ernährst. Eine ausgewogene und nährstoffreiche Ernährung zeigt Selbstrespekt und Fürsorge, die über das bloße Stillen des Hungers hinausgeht. Es bedeutet, Lebensmittel zu wählen, die nicht nur deinen Körper stärken, sondern auch dein seelisches Wohlergehen fördern. Indem du bewusst Lebensmittel wählst, die reich an wichtigen Nährstoffen sind, ehrst du die Bedürfnisse deines Körpers und unterstützt deine geistige Klarheit.

Geisteskraft durch mentale Stärkung

Die dritte Säule, Geisteskraft, betont die Wichtigkeit deiner mentalen Gesundheit. Mentale Übungen wie Meditation, Achtsamkeit oder das Führen eines Dankbarkeitstagebuchs helfen dir, deinen Geist zu beruhigen, deine Gedanken zu ordnen und im Hier und Jetzt zu sein. Diese Praktiken schätzen deine inneren Erlebnisse und bieten einen Ruhepunkt im hektischen Alltag. Sie ermöglichen dir, eine tiefere Verbindung mit dir selbst aufzubauen und fördern deine emotionale Widerstandsfähigkeit.

Das Einbeziehen dieser drei Säulen – Vitalität, Nahrung und Geisteskraft – in deinen täglichen Rhythmus ist ein Akt der Selbstliebe, der dein Wohlbefinden auf allen Ebenen fördert. Es ist die tägliche Anwendung dieser Säulen, die es dir ermöglicht, nicht nur zu existieren, sondern zu erblühen, deine innere Stärke zu entfalten und positiven Einfluss auf die Welt um dich herum zu nehmen.

Wie du Vitalität, Nahrung und Geisteskraft *stilvoll in deinen Alltag einbindest*

Das Verweben dauerhafter Selbstfürsorgeroutinen[7] in den Stoff unseres Alltags ist entscheidend, um die Lebenskräfte der Vitalität, Nahrung und Geisteskraft voll auszuschöpfen. In den folgenden Seiten zeige ich dir Tipps und Techniken, die dir zeigen, wie Selbstfürsorge zu einem bereichernden und nahtlosen Teil deines Tages wird – weit entfernt von einer lästigen Pflicht.

Setze klare Intentionen

Beginne damit, dir bewusst zu machen, warum Selbstfürsorge für dich essentiell ist. Diese Klarheit wird die treibende Kraft hinter deinen Routinen und unterstützt dich, selbst in herausfordernden Momenten dranzubleiben.

Beispiel: Stell dir vor, du fühlst dich am Ende eines langen Tages oft erschöpft und überwältigt von den Anforderungen des Berufs- und Familienlebens. Deine Intention könnte sein: „Ich nehme mir täglich Zeit für mich selbst, um meine Energiereserven aufzufüllen und mit neuer Kraft für meine Familie und meine beruflichen Pflichten da zu sein." Diese bewusste Absicht wirkt als tägliche Erinnerung, dass Selbstfürsorge keine Frage des Luxus, sondern eine essenzielle Praxis ist, um den vielfältigen Rollen in deinem Leben gerecht zu werden.

Starte klein und baue darauf auf

Das gleichzeitige Ändern zu vieler Gewohnheiten kann schnell überfordernd wirken. Konzentriere dich zunächst auf eine kleine, aber bedeutsame Selbstfürsorgeaktion, die du ohne großen Aufwand in deinen Alltag einbauen kannst, bevor du weitere Herausforderungen angehst.

Beispiel: Beginne mit so einer einfachen Geste wie fünf Minuten Ruhe am Morgen, während du bei einer Tasse Tee oder Kaffee in Gedanken den Tag durchgehst, noch bevor der Familienwirbel einsetzt. Diese kurzen Momente der Stille und Reflexion können wahre Wunder bewirken und dir helfen, den Tag mit mehr Gelassenheit zu starten.

---

[7] **Routinen** sind wiederkehrende Abläufe, die Struktur in unseren Alltag bringen. Sie sind das Geheimrezept für Beständigkeit und helfen uns, unsere Ziele zu erreichen, indem sie gute Gewohnheiten verstärken und uns erlauben, unsere Zeit und Energie effektiv zu nutzen.

Plane Selbstfürsorge bewusst ein

Sieh die Zeit für Selbstfürsorge als unverzichtbaren Termin in deinem Kalender. Ob zehn Minuten Meditation am Morgen, eine bewusste Pause mittags oder eine Yoga-Sitzung am Abend – plane sie ein und halte sie für heilig.

Beispiel: Reserviere dir jeden Samstagmorgen eine Stunde ganz für dich – sei es für ein entspannendes Bad, einen Spaziergang ganz allein oder den Besuch deines Lieblingscafés. Informiere deine Familie, dass dies deine Zeit ist, und bitte sie um ihre Unterstützung. Dies unterstreicht nicht nur deinen eigenen Wert, sondern vermittelt auch deinen Kindern und deinem Partner die Bedeutung von Grenzen und persönlichem Raum.

Schaffe Rituale

Rituale geben unserem Tag Struktur und Bedeutung. Indem du bestimmte Selbstfürsorgepraktiken zu festen Bestandteilen deines Tages machst, schaffst du kraftvolle Rituale, die dir Halt und Freude geben.

Beispiel: Erstelle dir ein Abendritual, das dir hilft, vom „Mama-Modus“ oder „Arbeitsmodus“ abzuschalten. Dies könnte beinhalten, dass du nach dem Zubettbringen der Kinder ein Tagebuch über deine Gefühle und Erfolge führst oder eine kurze Yoga-Session einlegst. Ein solches Ritual signalisiert deinem Körper und Geist, dass es Zeit ist, den Tag loszulassen und sich selbst Raum zu geben.

Sei flexibel und nachsichtig mit dir selbst

Erwarte nicht, dass jeder Tag nach Plan verläuft – und das ist vollkommen okay. Solltest du einmal nicht in der Lage sein, deine Selbstfürsorge-Routine einzuhalten, sei nachsichtig mit dir. Nimm dir vor, einfach beim nächsten Mal wieder einzusteigen.

Beispiel: Sollte eines deiner Kinder krank werden oder ein berufliches Projekt unerwartet mehr Zeit beanspruchen, gestatte dir selbst, deine Selbstfürsorgeroutinen entsprechend anzupassen. Erkenne, dass Flexibilität kein Zeichen von Schwäche, sondern ein Ausdruck von Stärke und der Fähigkeit ist, flexibel auf aktuelle Bedürfnisse zu reagieren. Ein kleiner Hinweis: Dies gilt allerdings nur für den aktuellen Moment – es ist nicht als Freibrief gedacht, deine Routinen für die nächsten fünf Monate aufzugeben, in Ordnung?

Reflektiere und passe an

Gönn dir regelmäßige Momente der Reflexion[8], um zu evaluieren, wie gut deine Selbstfürsorge-Routinen zu dir und deinem derzeitigen Lebensumfeld passen. Sei bereit, Anpassungen vorzunehmen, damit deine Praktiken immer nährend und unterstützend bleiben.

Beispiel: Entdeckst du vielleicht nach einigen Wochen, dass die morgendliche Stille nicht mit deinem Rhythmus harmoniert, weil das Aufstehen vor den Kindern eine Herausforderung darstellt? Versuche es stattdessen mit einer kurzen Selbstfürsorge-Zeit während der Mittagspause oder direkt nach der Arbeit. Diese Flexibilität ermöglicht es dir, eine Selbstfürsorge-Routine zu entwickeln, die wie angegossen zu deinem Leben passt.

Finde deine Selbstfürsorge-Community

Der Austausch mit anderen Frauen, die ebenfalls einen hohen Stellenwert auf Selbstfürsorge legen, kann wahre Wunder wirken. Ob durch die Teilnahme an einer Laufgruppe, einem Buchclub oder einer Meditationsrunde – gemeinsame Aktivitäten verstärken das Engagement für Selbstfürsorge.

Beispiel: Wie wäre es, eine „Selbstfürsorge-Gruppe" mit Freundinnen ins Leben zu rufen, die sich ähnlichen Herausforderungen stellen? Egal, ob ihr gemeinsam spazieren geht, einen Buchklub gründet oder euch zum Austausch über Selbstfürsorgeideen trefft – solche Verbindungen schaffen eine wertvolle Quelle der Unterstützung und Inspiration.

Durch das Etablieren fester Routinen in der Selbstfürsorge schaffen wir einen sicheren Rahmen, in dem wir aufblühen können. Diese Gewohnheiten sind essenziell, um die Prinzipien der Vitalität, Nahrung und Geisteskraft im Alltag lebendig zu halten und uns selbst Tag für Tag Priorität zu geben. So integrieren wir Selbstfürsorge nahtlos in unser Leben – zu einem unverzichtbaren Bestandteil, den wir uns nicht mehr wegdenken möchten.

---

[8] **Reflexion:** Ein bewusster Prozess des Innehaltens, um Gedanken, Gefühle und Erfahrungen zu betrachten und daraus zu lernen. Sie fördert das Selbstbewusstsein und unterstützt persönliches Wachstum

Kleine Weisheiten - große Veränderungen

Tracy's Aufruf zu weniger scrollen und mehr strahlen

Wenn du mir jetzt erzählen willst, dass du absolut keine Zeit für ein paar winzige Routinen hast, weil deine Kinder, dein Haushalt und dein Mann jede freie Sekunde verschlingen, dann muss ich wirklich herzhaft lachen. „Where focus goes, energy flows", und das sagte schon Tony Robbins, meine Liebe. Es geht darum, was du in deinem Leben priorisierst. Ich würde die schönen Dinge des Lebens immer einem Häppchen Stress vorziehen, du etwa nicht?

Und falls du immer noch denkst, dass du keine Zeit dafür hast, schlage ich einen kleinen Deal vor: Wie wäre es, wenn du 5-10 Minuten deines heiligen Instagram-Scrollens oder das hypnotische Durchblättern der neuesten Klatsch- oder Wohnmagazine opferst, um endlich mal etwas für DICH zu tun? Ja, genau, für DICH! Denn, mal ehrlich, es wird auch langsam Zeit, oder?

Glaub mir, dein Instagram-Feed wird auch ohne deine ungeteilte Aufmerksamkeit überleben. Und die Promi-Welt? Die dreht sich weiter, auch ohne dass du jede Sekunde dabei bist. Aber deine Energie? Dein Wohlbefinden? Das blüht auf, wenn du ihm ein wenig Zeit und Aufmerksamkeit schenkst. Also, raus aus der Komfortzone und rein in ein bisschen Selbstliebe und -fürsorge. Wer weiß, vielleicht entdeckst du, dass diese 5-10 Minuten am Tag mehr wert sind als der 100ste Post über das perfekte Avocado-Brot.

Also, meine Liebe, lass uns dieses Experiment wagen: Gib dir selbst die Chance, herauszufinden, was passiert, wenn du dich ein klein wenig höher auf deine To-do-Liste setzt. Wer weiß, vielleicht wird aus diesem kleinen Funken ein loderndes Feuer der Selbstliebe und -fürsorge. Und dann lachen wir gemeinsam – nicht aus Spott, sondern vor Freude über diesen kleinen, aber bedeutsamen Schritt in Richtung eines erfüllteren Lebens. Ich freue mich darauf!

✦ Gold*nugget*

Zusammen Strahlen:
Deine Selbstfürsorge-Kollektion

Die Kunst, sich selbst treu zu bleiben und nicht in den Hintergrund zu rücken, ist in unserer heutigen Welt, die ständig mehr von uns verlangt, essentiell. Selbstfürsorge ist das Accessoire, das niemals aus der Mode kommt. Doch ihre wahre Schönheit entfaltet sich erst, wenn wir sie mit anderen teilen. Stell dir vor, du bist umgeben von einer Kollektion von Frauen, die deine Sehnsucht nach Wachstum, Balance und authentischem Wohlbefinden teilen. Frauen, die wissen, dass Selbstfürsorge das ultimative Statement-Piece ist – essentiell, nicht optional.

„Zusammen Strahlen: Deine Selbstfürsorge-Kollektion" ist nicht nur eine Anleitung, sondern eine Einladung, die Laufstege deines Lebens mit Unterstützung und Inspiration zu beleuchten. Es ist die Gelegenheit, nicht nur für dich selbst einzustehen, sondern auch eine Hand zur Stärkung anderer auszustrecken – und dabei die Magie der Gemeinschaft zu entdecken.

Indem du deine eigene Selbstfürsorge-Community findest oder kreierst, öffnest du die Pforten zu einem Raum, in dem Selbstfürsorge nicht nur gelebt und gefeiert, sondern geteilt wird. Ein Raum, in dem jeder Schritt in Richtung Selbstliebe nicht nur dein inneres Strahlen verstärkt, sondern auch das der Menschen um dich - Hand in Hand.

So gestaltest du effektiv deine Selbstfürsorge-Gemeinschaft

Die Schaffung einer Selbstfürsorge-Gemeinschaft ist wie das Zusammenstellen einer Capsule Wardrobe für dein Wohlbefinden: Du wählst bewusst aus, was dir dient und dich stärkt. Hier ist eine schrittweise Anleitung, wie du diese unterstützende Gemeinschaft findest oder selbst ins Leben rufst, um deinen Alltag mit mehr Achtsamkeit und Selbstliebe zu bereichern.

Schritt 1: Finde deine Kernaktivitäten

Überlege dir zuerst, welche Selbstfürsorge-Aktivitäten dir am meisten bedeuten. Ist es vielleicht Yoga, das dir hilft, zu entspannen und dich zu zentrieren, oder das Lesen, das dir neue Perspektiven eröffnet? Bestimme ein oder zwei Kernaktivitäten, die für dich persönlich am wertvollsten sind.

Schritt 2: Vernetze dich

Suche dann nach Gruppen oder Foren, die sich um diese Interessen drehen. Plattformen wie Meetup[9] oder Facebook bieten zahlreiche Gruppen für fast jede Aktivität. Falls du lokal nichts findest, erwäge Online-Communities, die dir die Möglichkeit geben, dich mit Gleichgesinnten aus der ganzen Welt zu verbinden.

Schritt 3: Werde zur Gründerin

Falls du keine passende Gruppe findest, zögere nicht, selbst eine zu gründen. Ein einfacher Startpunkt kann eine WhatsApp- oder Facebook-Gruppe sein, in der du Freunde und Bekannte einlädst, die ähnliche Selbstfürsorge-Ziele verfolgen. Oder organisiere regelmäßige Treffen, sei es online oder persönlich, um gemeinsam zu meditieren, spazieren zu gehen oder über Bücher zu sprechen.

Schritt 4: Schaffe eine Routine

Legt regelmäßige Termine fest, um euch zu treffen und gemeinsam euren Selbstfürsorge-Aktivitäten nachzugehen. Die Regelmäßigkeit hilft, diese Treffen zu einem festen Bestandteil eures Lebens zu machen und die Bindung innerhalb der Gruppe zu stärken.

Schritt 5: Teilt und wachst zusammen

Nutzt eure Treffen, um Erfahrungen, Herausforderungen und Erkenntnisse auszutauschen. Diese Gespräche können ungemein bereichernd sein und euch helfen, auf eurem Weg zur Selbstfürsorge zu wachsen.

Bonus-Tipp: *Seid offen für neue Mitglieder und Ideen, um eure Gemeinschaft lebendig und inspirierend zu halten. Das Teilen von verschiedenen Perspektiven und Erfahrungen bereichert die Gruppe und unterstützt jeden Einzelnen in seiner persönlichen Entwicklung.*

[9] **Meetup** ist eine Plattform, die Gleichgesinnte für reale Treffen nach gemeinsamen Interessen zusammenführt – ideal für Freizeit, Lernen und Networking.

Der Mehrwert einer *Selbstfürsorge-Community*

Unterstützung & Inspiration: Der lebendige Austausch innerhalb deiner Selbstfürsorge-Community öffnet die Tür zu neuen Perspektiven und verstärkt dein Durchhaltevermögen. Gemeinsam zu wachsen, bedeutet auch, gemeinsam Lösungen für alltägliche Herausforderungen zu finden und sich gegenseitig zu ermutigen.

Gemeinschaft: Indem du dich mit anderen verbindest, die ähnliche Ziele verfolgen, schaffst du ein Netzwerk aus tiefen, bedeutungsvollen Verbindungen. Diese Gemeinschaft wird zu einem sicheren Hafen, in dem du dich verstanden fühlst und deine Erfahrungen teilen kannst.

Verstärktes Engagement: Die Teilnahme an Gruppenaktivitäten hilft, die Selbstfürsorge nicht als sporadische Tätigkeit, sondern als integralen Bestandteil deines Lebens zu betrachten. Regelmäßige Treffen stärken deine Motivation und helfen dir, Selbstfürsorge dauerhaft in deinen Alltag einzubetten.

Für sich allein ist Selbstfürsorge ein kraftvoller Akt der Liebe und des Respekts sich selbst gegenüber. Doch gemeinsam entfaltet sie ihr volles Potenzial und wird zu einer Bewegung, die uns alle stärker, widerstandsfähiger und verbundener macht. Ob du eine bestehende Gruppe findest, die deine Leidenschaft teilt, oder selbst den Anstoß gibst, um eine neue zu gründen – du wirst entdecken, wie diese Verbindungen dein Leben mit einer Welle von Freude, Inspiration und unerschütterlicher Unterstützung bereichern. Lass uns zusammen den Weg der Selbstfürsorge beschreiten, in einer Gemeinschaft, die nicht nur jeden von uns, sondern auch das große Ganze stärkt.

Praktische Übung

Die Liste deiner Lebenserfolge

Das Ziel dieser Übung ist, deinen Blick auf die Vielzahl von Erfolgen zu lenken, die du im Laufe deines Lebens erreicht hast – sowohl die Großen als auch die Kleinen. Diese Reflexion soll dir helfen, deinen eigenen Wert zu erkennen und zu schätzen, unabhängig von äußeren Bestätigungen oder Vergleichen mit anderen.

Suche dir einen ruhigen Ort, wo du ungestört bist. Halte dein MOMS CLUB-Journal oder ein Blatt Papier und einen Stift bereit.

Schritt 1: Entdecke deine prägenden Momente

Beginne damit, auf dein Leben zurückzublicken. Denke an deine Kindheit, deine Jugend, dein Erwachsenenleben. Versuche dich an Momente zu erinnern, in denen du dich besonders stolz, erfüllt oder glücklich gefühlt hast.

Schritt 2: Notiere deine Erfolge

Schreibe nun alles auf, was dir in den Sinn kommt – von Bildungsabschlüssen, Beförderungen bei der Arbeit, Herausforderungen, die du überwunden hast, bis hin zu persönlichen Meilensteinen wie der Gründung einer Familie, dem Aufbau von Freundschaften oder dem Erreichen persönlicher Ziele. Und vergiss nicht die scheinbar kleinen Erfolge, wie zum Beispiel das Erlernen einer neuen Fähigkeit, das Überwinden einer Angst oder das Helfen eines Freundes in einer schwierigen Zeit.

Schritt 3: Reflektiere jeden Erfolg

Nimm dir Zeit, um über jeden Punkt auf deiner Liste nachzudenken. Wie hast du dich gefühlt, als du diesen Erfolg erreicht hast? Welche Hindernisse musstest du überwinden? Was sagt dieser Erfolg über dich und deine Stärken aus?

Schritt 4: Erkennst du Muster?

Siehst du nach Abschluss der Liste Muster bei deinen Erfolgen? Gibt es bestimmte Stärken oder Werte, die immer wieder zum Vorschein kommen? Diese Muster können dir tiefere Einblicke in deine einzigartigen Fähigkeiten und deinen Charakter geben.

Selbstwert im Rampenlicht: Entdecke die Kraft deiner Erfolgsliste

Indem du deine Erfolge sichtbar machst, verstärkst du dein Bewusstsein für deine Fähigkeiten und Stärken. Dies führt zu einem erhöhten Selbstwertgefühl, da du erkennst, was du alles erreicht hast und zu welchen Leistungen du fähig bist.

Die Liste deiner Lebenserfolge dient als kraftvolles Werkzeug, um negative Gedankenmuster zu durchbrechen und eine positive Selbstwahrnehmung zu fördern.

Die Erinnerung an vergangene Erfolge kann als Motivation dienen, wenn du vor neuen Herausforderungen stehst. Sie erinnert dich daran, dass du auch in der Vergangenheit Hindernisse überwunden hast und dazu in der Lage bist, dies auch in Zukunft zu tun.

Diese Übung fördert auch ein Gefühl der Dankbarkeit – sowohl für die Erfolge selbst als auch für die Menschen und Umstände, die zu diesen Erfolgen beigetragen haben.

Die Liste der Lebenserfolge ist somit mehr als nur eine Aufzählung deiner „Errungenschaften" Diese wertvolle Liste ist ein Spiegel deiner Resilienz, deiner Fähigkeiten und deines unermesslichen Werts. Indem du deine persönliche Liste regelmäßig erweiterst, schaffst du ein tiefgreifendes Verständnis für deinen eigenen Wert, das unabhängig ist von der Anerkennung durch andere.

Praktische Übung

Der Brief *an dich selbst*

Das Verfassen eines Briefes an dich selbst ist ein kraftvolles Werkzeug, um Selbstliebe und Selbstakzeptanz zu vertiefen. Es öffnet einen intimen Raum für Dialog, Anerkennung deiner Stärken und liebevolles Verständnis für deine Herausforderungen.

Finde einen ruhigen, gemütlichen Ort, an dem du ungestört bist. Bereite Papierblätter, eventuell ein Kuvert und einen Stift vor.

Schritt 1: Reflexion

Nimm dir einen Moment Zeit, um zur Ruhe zu kommen und tief durchzuatmen. Denke über dein Leben nach – deine Herausforderungen, Errungenschaften, Träume und Ängste.

Schritt 2: Schreibe den Brief

Starte mit einer warmen Begrüßung an dich selbst. Schreibe frei von der Seele weg, ohne dich selbst zu zensieren. Mögliche Themen könnten sein:

- **Wertschätzung deiner Stärken und Errungenschaften:** Anerkenne, was du im Leben erreicht hast und welche Qualitäten dir dabei zur Seite standen.

- **Mitgefühl für deine Herausforderungen:** Biete dir selbst Trost und Verständnis für schwierige Zeiten und gemachte Fehler.

- **Hoffnungen und Träume für die Zukunft:** Teile deine Wünsche und Ziele für die Zukunft.

- **Vergebung:** Wenn es Dinge gibt, für die du dir selbst Vergebung anbieten möchtest, drücke diese aus.

Schließe den Brief mit einer positiven und motivierenden Nachricht an dich selbst ab. Unterschreibe liebevoll, beispielsweise mit „In Liebe, [Dein Name]“.

Auf den folgenden Seiten findest du ein Beispiel dafür, wie Elisa den Brief verfasst hat. Lass dich davon gerne inspirieren.

Schritt 3: Bewahrung und Reflexion

Bewahre den Brief an einem sicheren Ort auf. Plane bitte, ihn in einigen Monaten oder einem Jahr erneut zu lesen. Du kannst auch regelmäßig solche Briefe schreiben, um deine persönliche Entwicklung zu dokumentieren.

Auswirkungen und die tiefere Bedeutung deiner Briefe

- **Selbsterkenntnis und -akzeptanz:** Diese Übung schenkt dir ein tieferes Verständnis und mehr Akzeptanz für dich selbst. Indem du deine innersten Gedanken und Gefühle zu Papier bringst, betrachtest du dich aus einer frischen Perspektive.

- **Emotionale Entlastung:** Der Brief bietet einen sicheren Raum, um all die Gefühle auszudrücken, die vielleicht tief in dir schlummern. Dies kann eine große Erleichterung bringen und zu emotionalem Frieden führen.

- **Stärkung des Selbstwertgefühls:** Die Würdigung deiner Stärken und Errungenschaften hebt dein Selbstwertgefühl. Dieser Akt der Selbstanerkennung zeigt dir, dass dein Wert unabhängig von äußeren Bedingungen besteht.

- **Förderung von Selbstmitgefühl:** Ein liebevoller Umgang mit dir selbst fördert eine warmherzige Beziehung zu dir. Selbstmitgefühl ist ein Schlüssel zur Resilienz und zum persönlichen Wohlergehen.

Dein Brief an dich selbst ist mehr als nur eine Übung. Er ist ein kraftvolles Werkzeug, um die Beziehung zu dir selbst neu zu definieren und zu stärken. Er erinnert dich daran, dass du Liebe und Wertschätzung verdienst – angefangen bei dir selbst.

Praktisches Beispiel

Elisas Wiederentdeckung:
Briefe an ihr vergessenes Selbst

Elisa ist eine 39-jährige alleinerziehende Mutter und Yoga-Lehrerin, die an einem entscheidenden Wendepunkt in ihrem Leben steht. Nach Jahren des Jonglierens zwischen beruflichen Anforderungen und familiären Verpflichtungen fühlt sie sich ausgelaugt und verliert den Kontakt zu sich selbst. Ihre Tage sind gefüllt mit Aufgaben, doch am Ende jeden Tages fragt sie sich: „Wer bin ich abseits all dieser Rollen?"

In einer ruhigen Nacht, als das Haus endlich still ist und ihre Kinder schlafen, stößt Elisa auf die Übung, einen Brief an sich selbst zu verfassen. Angetrieben von einem tiefen Bedürfnis nach Veränderung und Selbstverbindung, entscheidet sie sich, diesen Schritt zu wagen.

Sie beginnt ihren Brief mit den Worten: „Liebe Elisa, ich weiß, es ist eine lange Reise und nicht immer eine leichte..." Langsam fließen die Worte aus ihr heraus, gefüllt mit Ehrlichkeit und Rohheit. Sie schreibt über ihre Stärken, die sie durch das alleinige Großziehen ihrer Kinder und die Bewältigung der beruflichen Herausforderungen bewiesen hat. Sie erkennt an, wie kreativ und resilient sie sein muss, um ihr Leben zu meistern.

Elisa spricht auch die Herausforderungen und Unsicherheiten an, die sie fühlt, ihre Ängste und die Momente, in denen sie sich unzulänglich fühlt. Sie bietet sich selbst Trost und Verständnis an und erinnert sich daran, dass Perfektion nicht das Ziel ist, sondern Authentizität und Selbstakzeptanz.

Sie teilt ihre Träume für die Zukunft mit – Träume, die sie aufgrund ihrer Verpflichtungen beiseitegeschoben hat. Elisa gesteht sich ihre Sehnsucht ein, wieder zu malen, eine Leidenschaft, die sie seit ihrer Jugend nicht mehr verfolgt hat. Sie verspricht sich selbst, kleine Schritte zu unternehmen, um diesen Traum wieder in ihr Leben zu integrieren.

Als sie den Brief beendet, fühlt Elisa eine Mischung aus Erleichterung und Erneuerung. Sie hat nicht nur ihre Gedanken und Gefühle ausgedrückt, sondern auch eine Verpflichtung gegenüber sich selbst und ihren Bedürfnissen eingegangen. Der Brief wird zu einem lebendigen Dokument ihrer Selbstakzeptanz und eines Versprechens, sich selbst nicht länger zu vernachlässigen.

In den folgenden Wochen beginnt Elisa, bewusst Zeit für sich selbst einzuplanen. Sie startet wieder mit dem Malen, anfangs nur für ein paar Minuten am Tag. Diese Momente der Kreativität und des Ausdrucks werden zu einer Quelle der Freude und des Wiederauflebens für sie.

Der Brief an sich selbst, den Elisa in einer Schublade ihres Nachttisches aufbewahrt, dient als ständige Erinnerung an ihren Wert, ihre Stärken und ihre Träume. Er erinnert sie daran, dass sie es verdient, gesehen, geschätzt und geliebt zu werden – zuerst von sich selbst.

Facetten von Liebe und Wachstum:
Eine Reise der Selbstentdeckung

Gemeinsam haben wir ein unglaubliches Kapitel durchlebt, eine Reise, die uns tief in die Welt unseres Selbst geführt hat. Auf diesem Weg sind wir vielen Begriffen begegnet, die alle mit „Selbst" beginnen – jedes Wort hat eine neue Tür zu einer anderen Dimension unseres inneren Universums geöffnet. Bevor wir unseren Weg fortsetzen, gönn dir einen Moment der Ruhe. Atme tief durch, lehn dich zurück und lass uns gemeinsam die Konzepte, die uns begegnet sind, noch einmal Revue passieren und kurz definieren. Es ist ein Rückblick, der uns nicht nur an all das erinnert, was wir gemeinsam erkundet haben, sondern uns auch aufzeigt, wohin unsere Reise noch führen kann.

Selbstliebe bedeutet, sich selbst zu akzeptieren und wertzuschätzen, genau so, wie man ist – mit allen Stärken und Schwächen. Es geht darum, sich selbst die Freundlichkeit und Fürsorge zu schenken, die man auch anderen entgegenbringt, und sich zu erlauben, Fehler zu machen und daraus zu lernen.

Selbstfürsorge ist das tägliche Nähren deines Körpers, deines Geistes und deiner Seele. Es ist, als würdest du deinem inneren Garten mit Achtsamkeit und Hingabe Wasser geben, sodass jede Blume und jede Pflanze – jede Facette deines Seins – in voller Pracht erblühen kann.

Selbstwert ist das unerschütterliche Wissen in deinem Herzen, dass du wertvoll bist, unabhängig von äußeren Anerkennungen oder Errungenschaften. Es ist das innere Leuchten, das von der Überzeugung genährt wird, dass dein Wert unantastbar und unveränderlich ist.

Selbstwertschätzung ist das Feiern deiner Existenz und deiner einzigartigen Beiträge zur Welt. Es ist, als würdest du dich selbst als kostbares Kunstwerk betrachten, dessen Wert mit jedem Tag, den du lebst und liebst, steigt.

Und dann gibt es noch die **Selbstkritik**, die oft wie ein ungeladener Gast auf unserem Fest des Lebens erscheint. Doch selbst in ihrer Schärfe trägt sie einen Kern des Wachstums in sich. Wenn wir lernen, sie als Wegweiser statt als Widersacher zu sehen, kann sie uns zu tieferen Ebenen der Selbstkenntnis und -entwicklung führen.

Jeder dieser „Selbst"-Begriffe trägt dazu bei, unser Leben zu bereichern. Sie zu erkennen, zu akzeptieren und in unser tägliches Leben zu integrieren, hilft uns, unser wahres Selbst auszudrücken. Diese Reise der Selbsterkenntnis und Selbstliebe beeinflusst nicht nur unser äußeres Erscheinungsbild, sondern formt auch unsere innere Einstellung, die wir mit Anmut, Tiefe und Freude präsentieren.

Deine Beziehung zu dir selbst bildet die Basis für deine Ausstrahlung. Durch Selbstliebe, Selbstfürsorge, Selbstwert, Selbstakzeptanz und Selbstwertschätzung formst du dein Leben so, dass es zu deiner inneren Natur passt. Selbstkritik umzuwandeln, bedeutet, bewusst Entscheidungen zu treffen, die deine wahre Schönheit hervorheben.

Erinnere dich stets daran, dass du die Designerin deines Lebens bist. Jede Entscheidung, jede Richtung, die du einschlägst, fügt deinem Lebenswerk eine eigene Note hinzu.

„Kannst du dich
erinnern wer du warst,
bevor die Welt dir sagte
wer du sein sollst?"

Charles Bukowski

Kapitel 06

Geheimnis Nummer 4

Mode als Booster für Selbstvertrauen und Selbstliebe

Willkommen zu Kapitel 6, das mir ganz besonders am Herzen liegt: „Mode als Booster für Selbstvertrauen und Selbstliebe." Als Designerin, die sich durch die bunte Welt der Textilien, Muster und Schnitte bewegt, hege ich eine tiefe Leidenschaft für Mode – nicht nur als Ausdruck kreativer Visionen, sondern auch als kraftvolles Werkzeug, um das innere Strahlen jeder Frau zu entfesseln.

Im Laufe meiner Karriere hatte ich das Privileg, zahlreiche Frauen zu treffen – brillante, wunderschöne Seelen, die in ihrer Rolle als Mütter, Unternehmerinnen oder Freundinnen glänzen. Und doch haben mir viele dieser bezaubernden Frauen von ihrem mangelnden Selbstbewusstsein und ihrer Suche nach Selbstliebe erzählt. Wie ein wiederkehrendes Echo offenbarten sie, dass trotz aller äußeren Erfolge ein Stück des Puzzles zu fehlen schien. Hier, in meiner Welt der Stoffe und Farben, fand ich oft den Schlüssel, um dieses Puzzle zu vervollständigen.

Seien wir ehrlich: Mode kann manchmal wie ein zweischneidiges Schwert wirken. Auf der einen Seite bietet sie uns eine unendliche Palette, um unsere Individualität und Stimmungen auszudrücken. Auf der anderen Seite kann der Druck, „modisch" oder „trendy" zu sein, überwältigend sein, als müssten wir uns in Formen pressen, die nicht unsere eigenen sind. Aber was, wenn ich dir sage, dass Mode so viel mehr sein kann als nur das Tragen von Kleidungsstücken, damit wir das Haus nicht nackt verlassen? Was, wenn Mode tatsächlich ein Portal zur Selbstliebe und zu einem gestärkten Selbstbewusstsein sein kann?

Ich möchte dir gerne zeigen, wie das Finden deines eigenen Stils und das Tragen von Kleidung, die dir Freude bereitet, tiefgreifende Auswirkungen auf dein Selbstbild und dein Glücksempfinden haben kann. Ich ermutige dich, die Kleidung nicht als bloße Notwendigkeit oder als Mittel zur Erfüllung gesellschaftlicher Erwartungen zu sehen, sondern als deine Gelegenheit deine Persönlichkeit zum Ausdruck zu bringen.

Lass uns gemeinsam erkunden, wie das Setzen von modischen Prioritäten und das bewusste Ziehen von Grenzen – ja, auch in deinem Kleiderschrank – dir dabei helfen können, dein Selbstbewusstsein zu stärken und eine tiefere Verbindung zu dir selbst aufzubauen. Mit einer Prise Humor und einer großen Portion Herzlichkeit möchte ich dir zeigen, dass Mode viel mehr ist als das, was das Auge sieht.

Bereite dich darauf vor, deine Garderobe mit neuen Augen zu betrachten, deine Lieblingsstücke zu umarmen und vielleicht auch das ein oder andere modische Wagnis einzugehen. Denn am Ende des Tages ist das Schönste, was du tragen kannst, dein Lächeln – ergänzt durch ein Outfit, das deine einzigartige Persönlichkeit widerspiegelt.

Lass uns gemeinsam entdecken, wie du durch Mode nicht nur deine äußere Erscheinung, sondern auch dein inneres Leuchten zum Strahlen bringen kannst.

Stille Botschaften:
Was unsere Kleidung über uns erzählt

Jedes Mal, wenn du morgens vor deinem Kleiderschrank stehst und entscheidest, was du an diesem Tag tragen möchtest, triffst du eine Entscheidung darüber, wie du der Welt begegnen möchtest. Ob bewusst oder unbewusst, jede Farbe, jedes Muster und jeder Schnitt sendet eine Botschaft aus und erzählt eine Geschichte – deine Geschichte. Deine Kleidung kommuniziert immer, auch wenn du schweigst. Sie kann Autorität, Kreativität, Zurückhaltung oder Mut ausstrahlen. Sie kann zeigen, dass du respektiert werden willst, dass du bereit bist, Risiken einzugehen, oder dass du einfach nur deine Ruhe haben möchtest. Das Spannende daran ist, dass du der Autor dieser unausgesprochenen Worte bist.

Wir begegnen täglich unzähligen Geschichten, erzählt durch die Stoffe, die wir tragen, und die Farben, die wir wählen. Jedes Outfit sendet Signale aus, formt Wahrnehmungen und kommuniziert mit der Umwelt, oft lauter als Worte es je könnten. Ich möchte dir gerne drei Frauen vorstellen, die wir morgens beim Kaffeemachen treffen.

Beginnen wir mit Jacqueline, einer 28-jährigen Frau, die in einem Büro arbeitet. Sie trägt ein enges, rotes Kleid, das ihre Figur betont, mit einem tiefen Ausschnitt, der kaum zu übersehen ist. Ihre Brüste scheinen fast aus dem Kleid zu hüpfen, ziehen die Blicke auf sich, ob man nun möchte oder nicht. Dann wandert unser Blick weiter nach oben zu ihren perfekt geschminkten prallen, roten Lippen und den in feine Locken gelegten Haaren – eine perfekte Symbiose aus Farbe und Form.

Was kommuniziert uns Jacqueline mit ihrer Kleiderwahl und ihrem Styling? Ihre Botschaft ist klar und unverblümt: „Hallo, ich bin das Signal. Ich bin rot und feurig, aufreizend und verführerisch. Ich möchte, dass du meine prallen Brüste ansiehst, sie als Objekte der Begierde betrachtest. Meine sexy roten Lippen? Ein Symbol für das aufreizend Weibliche." An Jacqueline scheint alles zu schreien: „Nimm mich wahr, sieh mich an, begehre mich", oder nicht?

Jacquelines Wahl mag für einige provokativ wirken, für andere mag sie Ausdruck eines starken Selbstbewusstseins und einer ungezähmten Weiblichkeit sein. Das Wichtige hierbei ist, zu erkennen, dass hinter jedem Outfit eine Wahl steht, eine Entscheidung darüber, wie wir gesehen werden wollen und welche Teile unserer Identität wir der Welt zeigen möchten.

Als nächstes treffen wir Flora beim Kaffeemachen am Morgen, eine 24-jährige Frau, die in einer Tierhandlung arbeitet und eine ganz andere Geschichte in der Sprache der Mode erzählt. Flora sieht Mode und Styling als etwas an, das weit entfernt von ihrer Welt liegt – für sie sind es unnötige Komplikationen in einem ansonsten unkomplizierten Leben. Sie versteht nicht, warum manche Menschen so viel Wert darauf legen, besonders auszusehen, wenn sie das Haus verlassen. Auch an diesem Morgen betritt Flora ihre Filiale.

Ihr Outfit? Eine verwaschene Jeanshose, die alle Farben des Regenbogens gesehen hat – allerdings nicht auf die Art, wie eine Designerin es vielleicht beabsichtigt hätte. Nein, bei Flora kommen alle Farben in der Waschmaschine zusammen, was dazu führt, dass ihre Hose nicht nur verwaschen, sondern auch viel zu groß und weit ist. Dazu kombiniert sie ein Langarmshirt, das einst eine grellgrüne Raupe zierte. Doch der Druck beginnt sich zu lösen, und so prangt auf ihrer Brust nur noch „RAU E". Ihre Haare? Leicht verwuschelt und offensichtlich nicht gekämmt, ein Zeugnis davon, dass sie am Morgen mal wieder gegen die Zeit anrannte. Make-up? Fehlanzeige. Flora hält nichts davon, ihre natürliche Erscheinung zu verändern. Und dann sind da noch ihre Schuhe, die nach jedem Schritt eine sichtbare Spur hinterlassen – die letzten Überbleibsel eines Waldspaziergangs am Vortag.

Was kommuniziert Flora uns mit ihrer Kleidung und ihrem Auftreten? Die Botschaft scheint klar: „Mein Aussehen und Mode sind mir völlig gleichgültig. Ich lege keinen Wert auf gesellschaftliche Konventionen bezüglich meines Äußeren." Floras Stil spiegelt eine tiefe Gleichgültigkeit gegenüber dem wider, was die Modeindustrie oder gesellschaftliche Erwartungen diktieren. Für sie sind Bequemlichkeit und Praktikabilität die einzigen Kriterien, die zählen, wenn es um die Wahl ihrer Kleidung geht.

Floras Geschichte zeigt uns, dass Mode und persönlicher Stil vielschichtige Phänomene sind, die weit über die Oberfläche hinausgehen. Sie erinnert uns daran, dass Kleidung nicht nur eine Form des Selbstausdrucks ist, sondern auch eine Art, unsere Prioritäten, Werte und manchmal unsere Abkehr von gesellschaftlichen Normen zu kommunizieren. Während viele Frauen ihre Garderobe als Mittel sehen, um sich selbstbewusst und kraftvoll zu fühlen, wählt Flora einen Weg, der ihre Unbekümmertheit und ihren Wunsch, sich von äußeren Erwartungen zu lösen, widerspiegelt.

Und als dritte Person treffen wir Elena am Kaffeevollautomaten, eine 35-jährige Anwältin, die in einer renommierten Kanzlei arbeitet. Elena versteht die Macht der Kleidung nicht nur als Mittel zur persönlichen Expression, sondern auch als Werkzeug der beruflichen Positionierung. Jeden Morgen trifft sie eine bewusste Entscheidung über ihr Outfit, wohl wissend, dass ihre Kleidung eine Schlüsselrolle in der Wahrnehmung ihrer Kompetenz und Autorität spielt.

An diesem Morgen wählt Elena einen maßgeschneiderten, dunkelblauen Hosenanzug, kombiniert mit einer seidigen, hellblauen Bluse. Ihre Schuhe, elegante, aber praktische Pumps, verleihen ihr nicht nur eine zusätzliche

Größe, sondern auch eine Haltung der Entschlossenheit. Ihr Haar ist zu einem schlichten, aber stilvollen Knoten gesteckt, und ihr Make-up ist dezent, aber makellos.

Was kommuniziert Elena mit ihrer Kleiderwahl? Ihre Botschaft ist klar und deutlich: „Ich bin hier, um ernst genommen zu werden. Ich bin kompetent, professionell und bereit, jede Herausforderung anzunehmen." Elenas Outfit strahlt Selbstvertrauen und Professionalität aus, unterstreicht ihre Rolle als erfolgreiche Anwältin und signalisiert ihren Respekt gegenüber ihren Klienten und Kollegen.

Elena weiß, dass in ihrem Berufsfeld der erste Eindruck oft entscheidend ist. Ihre sorgfältig ausgewählte Garderobe ist daher nicht nur ein Ausdruck ihres persönlichen Stils, sondern auch eine strategische Entscheidung, die ihr hilft, ihre beruflichen Ziele zu erreichen. Sie nutzt Mode als Instrument, um ihre Botschaft ohne Worte zu vermitteln – eine Botschaft der Stärke, der Zuverlässigkeit und der Souveränität.

Dieses Beispiel zeigt, dass Mode in verschiedenen Lebensbereichen unterschiedliche Rollen spielen kann. Für Elena ist Kleidung ein Schlüsselelement ihrer beruflichen Identität, ein Mittel, um ihre Kompetenz und ihr Selbstbewusstsein zu unterstreichen.

Die Geschichten von Jacqueline, Flora und Elena bieten uns eine lebhafte Auswahl der vielfältigen Wege, auf denen unsere Kleidung und unser Styling unausgesprochen kommunizieren. Jede dieser Frauen, ob bewusst oder unbewusst, sendet mit ihrer Modeauswahl spezifische Botschaften an die Welt.

Jacqueline tritt mit ihrem engen, roten Kleid und den perfekt geschminkten, roten Lippen als Inbegriff der Verführung auf. Ihre Kleidung schreit nach Aufmerksamkeit und spielt mit den Symbolen der Weiblichkeit und Verführung. Sie nutzt Mode, um Stärke und Selbstbewusstsein auszustrahlen, und kommuniziert damit ein klares Bild von sich selbst als selbstsichere, verführerische Frau.

Flora, die in ihrer verwaschenen Jeans und dem abblätternden Shirt mit Raupe darauf erscheint, verkörpert eine andere Seite des Spektrums. Ihre Kleidung spiegelt eine Gleichgültigkeit gegenüber Mode und äußeren Erscheinungsbildern wider. Flora kommuniziert durch ihre Wahl der Kleidung, dass für sie andere Werte im Leben Priorität haben und dass sie sich von den Erwartungen der Modeindustrie oder gesellschaftlichen Normen nicht beeindrucken lässt.

Elena wiederum nutzt ihre Garderobe als Werkzeug der beruflichen Positionierung und Selbstbehauptung. Ihr maßgeschneiderter Hosenanzug und die sorgfältig ausgewählten Accessoires senden eine klare Botschaft von Professionalität, Kompetenz und Selbstvertrauen. Elena versteht, dass ihre Kleidung eine Erweiterung ihrer beruflichen Identität ist und nutzt sie bewusst, um die gewünschte Wahrnehmung in ihrer Arbeitsumgebung zu erzeugen.

Bevor wir tiefer in die Welt der persönlichen Stilfindung eintauchen, möchte ich betonen, dass die Wahl meiner Beispiele von Jacqueline, Flora und Elena auf keinen Fall eine Wertung darstellen soll. Vielmehr geht es darum, die Vielfalt und Kraft der unausgesprochenen Kommunikation unserer Kleidung aufzuzeigen. Jedes Outfit, jede Farbe und jeder Stil kommuniziert immer – bewusst oder unbewusst – Botschaften über uns, unsere Werte und wie wir von der Welt wahrgenommen werden möchten. Es geht also nicht darum, ob wir mit unserer Kleidung kommunizieren, sondern *wie* wir dies tun.

Und nun frage ich dich: Wenn unsere Kleidung ohnehin ständig Botschaften aussendet, warum sollten wir dann nicht diese Gelegenheit nutzen, um positiv zu kommunizieren? Warum nicht Kleidungsstücke wählen, die nicht nur unsere äußere Erscheinung, sondern auch unser inneres Selbstwertgefühl stärken? Indem wir uns bewusst für Outfits entscheiden, die unsere Persönlichkeit widerspiegeln und in denen wir uns wohl fühlen, machen wir nicht nur eine Aussage über unsere Identität, sondern fördern gleichzeitig unser Selbstvertrauen und unsere Selbstliebe.

„Dear Whoever,
you know what?
This is my Style.
These are my rules.
And this is my belief.
Sincerely, Tracy"

Dein Stil, Deine Regeln:
Entdecke die Freiheit in der Mode

Für all jene von euch, die schon einmal eine Visitenkarte von mir persönlich in den Händen hatten, kennen die dicken Letter, die schon seit Jahren die Vorderseite meiner Visitenkarten zieren: „Dear Whoever, you know what? This is my Style. These are my rules. And this is my belief. Sincerely, Tracy". Ich habe irgendwann aufgehört, mir Gedanken darüber zu machen, ob andere Menschen meinen Stil gut finden, oder ob dieser „gefällt". Ich lebe nach meinen Regeln und weißt du was? Es fühlt sich wunderbar an. Ein Gefühl der Befreiung. Und genau dies möchte ich dir auch ans Herz legen. Mach deine eigenen Regeln und kleide dich für dich, nicht für die Welt da draußen.

Die Modeindustrie, so farbenfroh und vielfältig sie auch sein mag, trägt oft eine unsichtbare Last mit sich – die Last der externen Zustimmung. Viele von uns haben sich schon einmal in der Falle gefangen gefühlt, Kleidung zu wählen, die mehr darauf abzielt, anderen zu gefallen oder in ein bestimmtes Image zu passen, als unserem eigenen Empfinden von Schönheit und Komfort zu entsprechen. Diese Suche nach Anerkennung von außen kann schnell zu einer Fessel werden, die unsere wahre Modefreiheit einschränkt und uns daran hindert, uns in unserer Haut vollkommen wohlzufühlen.

Doch hier liegt auch eine unglaubliche Chance zur Selbstentfaltung und zum Wachstum. Die Herausforderung, die externe Zustimmung zu überwinden, bedeutet, sich mutig in die Tiefe der eigenen Persönlichkeit zu wagen und von dort aus einen Stil zu entwickeln, der nicht nur äußerlich ansprechend ist, sondern auch ein echtes Spiegelbild deines inneren Selbst darstellt. Es geht darum, Mode als ein Mittel der Selbstliebe zu nutzen, als einen Weg, dich selbst zu feiern – jeden Tag aufs Neue.

Um deinen persönlichen Stil voller Selbstvertrauen zu entfalten, möchte ich zwei essenzielle Strategien mit dir teilen. Diese Ansätze sollen dir helfen, dein Verhältnis zu Mode neu zu definieren und sie als einen kraftvollen Ausdruck deines wahren Selbst zu nutzen.

Strategie 1: Arbeit am inneren Dialog

Der Schlüssel zur wahren Modefreiheit liegt nicht in den Komplimenten, die wir für unsere Outfits erhalten, sondern in der Art und Weise, wie wir uns selbst sehen und fühlen. Es ist entscheidend, einen positiven inneren Dialog zu pflegen, der Selbstkritik in Selbstbestärkung umwandelt. Wenn du das nächste Mal vor dem Spiegel stehst und zögerst, weil ein Teil von dir fürchtet, was andere denken könnten, halte inne. Erinnere dich daran, dass Mode in erster Linie ein Ausdruck deiner Individualität und ein Spielraum für deine Kreativität ist. Lob dich selbst für den Mut, deinen Stil zu erkunden und Modeentscheidungen zu treffen, die dich widerspiegeln. Das wahre Kompliment ist das Gefühl der Authentizität und Zufriedenheit, das von innen kommt, nicht die flüchtigen Worte der Bewunderung von außen. Selbstakzeptanz ist dein Schlüssel zur Freiheit in der Mode, ein unerschütterlicher Glaube daran, dass dein Wert nicht von der Bestätigung anderer abhängt.

Strategie 2: Aufbau einer unterstützenden Community

Während der innere Dialog deine innere Festung stärkt, kann eine unterstützende Gemeinschaft deine Verbündete im äußeren Umfeld sein. Umgeben von Menschen, die deine Leidenschaft für Mode teilen und deine Experimentierfreude unterstützen, kannst du die Angst vor Ablehnung leichter überwinden. Diese Community bietet nicht nur Rückhalt und Bestätigung, sondern feiert mit dir gemeinsam jede Form des Selbstausdrucks. Hier zählt nicht das Urteil der Außenwelt, sondern die Freude am gemeinsamen Entdecken und Ausprobieren. Eine solche Gruppe von Gleichgesinnten kann online oder in deinem direkten Umfeld gefunden werden – das Wichtigste ist die positive Energie und die gegenseitige Ermutigung, die ihr euch bietet. Gemeinsam könnt ihr euch daran erinnern, dass Mode viel mehr ist als nur Kleidung; sie ist eine Lebenskunst, die Selbstbewusstsein und Selbstliebe fördert.

In der Verbindung dieser zwei Strategien – der Pflege eines liebevollen inneren Dialogs und dem Aufbau einer inspirierenden Community – findest du nicht nur deinen eigenen Stil, sondern auch eine tiefere Verbindung zu dir selbst. Mode wird so zu einem Spiegel deiner einzigartigen Persönlichkeit, deiner Träume und Werte. Sie wird zu einem Tanz der Freiheit, bei dem du die Choreografie bestimmst. Erinnere dich daran, dass die schönste Mode die ist, die deine Seele zum Leuchten bringt.

Dein Stil, dein Strahlen:
Entdecke dich neu mit meinem 3-Säulen-Prinzip

Stil ist so individuell wie ein Fingerabdruck und spiegelt die Einzigartigkeit jedes Einzelnen wider. Doch in der heutigen schnelllebigen Welt, in der Trends kommen und gehen, kann es eine Herausforderung sein, den eigenen Stil zu finden – einen Stil, der nicht nur das äußere Erscheinungsbild zelebriert, sondern auch das innere Strahlen und Selbstbewusstsein fördert. Genau hier kommt mein 3-Säulen-Prinzip ins Spiel mit **„Stil Inspiration"**, **„Wohlfühlkompass"** und **„Machbarkeitsmagie"**. Diese drei Säulen helfen dir, deinen einzigartigen Stil zu entwickeln, der nicht nur äußerlich ansprechend ist, sondern auch deinen persönlichen Komfort und die praktische Umsetzbarkeit in deinem Alltag berücksichtigt.

„Stil ist nicht das Ende des Besens."

Karl Lagerfeld

Jede dieser Säulen ist ein entscheidender Schritt auf dem Weg zu einer Garderobe, die nicht nur ästhetisch ansprechend ist, sondern auch eine tiefe Resonanz mit deinem wahren Charakter hat. Von der „Stil Inspiration", die wie ein Funke deine Kreativität entfacht, über den „Wohlfühlkompass", der dich lehrt, auf deine innere Stimme zu hören und Kleidung zu wählen, die dir echte Freude bereitet, bis hin zur „Machbarkeitsmagie", die dir zeigt, wie du deine Visionen in die Realität umsetzt – diese Methode ist dein Wegweiser zu einem Stil, der so einzigartig ist wie du selbst.

Öffne dein Herz und deinen Geist für die unendlichen Möglichkeiten, die vor dir liegen, und entdecke, wie du durch Mode nicht nur dein äußeres Bild, sondern auch dein Selbstvertrauen und deine Selbstliebe zum Strahlen bringen kannst. Dies ist deine Einladung, dich neu zu entdecken und durch Mode eine noch nie dagewesene Verbindung zu dir selbst zu knüpfen.

Säule 1: Stil Inspiration

Deine Stilreise nimmt ihren Anfang mit der „Stil Inspiration". Dies ist der Moment, in dem du dich auf die Suche nach dem begibst, was dein ästhetisches Auge anspricht und dein Modeherz höher schlagen lässt. Tauche ein in die Welt der Farben, Formen und Stoffe. Lass dich von allem inspirieren – von den Seiten deiner Lieblingsmodezeitschriften über die unendlichen Weiten von Pinterest und Instagram bis hin zu den Menschen auf der Straße. Erstelle ein Moodboard[10], sei es digital oder physisch, auf dem du all das sammelst, was dich anspricht. Diese erste Säule, „Stil Inspiration", wird dir helfen, ein tieferes Verständnis dafür zu entwickeln, was du wirklich liebst und was dich visuell und emotional bewegt.

Säule 2: Wohlfühlkompass

Die zweite Säule, der „Wohlfühlkompass", richtet sich nach dem, was sich nicht nur gut anfühlt, sondern auch dein inneres Wohlbefinden steigert. Mode ist eine haptische Erfahrung; es geht um das Gefühl der Stoffe auf deiner Haut, um die Bewegung der Kleidung, wenn du gehst, und darum, wie du dich in deinen Outfits fühlst. Während du verschiedene Stile, Stoffe und Schnitte ausprobierst, sei achtsam und nimm wahr, welche Kleidungsstücke dir ein Gefühl der Freude, des Komforts und des Selbstvertrauens geben. Dein „Wohlfühlkompass" wird dich zu Kleidungsstücken führen, die nicht nur ästhetisch ansprechend sind, sondern auch eine positive Resonanz in dir auslösen.

Säule 3: Machbarkeitsmagie

Die letzte Säule, die „Machbarkeitsmagie", dreht sich um die praktische Umsetzung deiner inspirierten Ideen und Wohlfühlentdeckungen in deinem Alltag. Es ist die Kunst, deine Träume und Vorstellungen von Mode in die Realität zu überführen. Hier stellst du dir die Frage: „Wie kann dieser Stil, der mir gefällt und sich gut anfühlt, in meinem täglichen Leben funktionieren?" Es geht darum, kreative Lösungen und Alternativen zu finden, die es dir ermöglichen, deinen persönlichen Stil authentisch und praktisch zu leben. Vielleicht bedeutet das, Trends zu adaptieren, die zu deinem Lebensstil passen, oder Kleidungsstücke auf neue, unerwartete Weisen zu kombinieren, um deinem Stil Ausdruck zu verleihen.

Indem du diese drei Säulen – Stil Inspiration, Wohlfühlkompass und Machbarkeitsmagie – in dein Leben integrierst, wirst du nicht nur einen Stil entwickeln, der äußerlich ansprechend ist, sondern auch einen, der ein echtes Spiegelbild deines inneren Selbst darstellt. Dein Stil wird zu einer Quelle des Selbstvertrauens und der Selbstliebe, einem Ausdruck deiner einzigartigen Persönlichkeit und deiner Werte. Betrachte diese Reise nicht als eine Aufgabe, sondern als eine spannende Entdeckungstour, auf der du lernst, dich selbst durch die wunderbare Welt der Mode auszudrücken.

[10] Ein **Moodboard** ist eine visuelle Zusammenstellung von Bildern, Texten und Materialien, die eine bestimmte Stimmung, ein Thema oder Konzept darstellen.

Praktische Übung:

Kreiere dein persönliches Stil-Manifest

Diese Übung soll dir helfen, die drei Säulen – Stil Inspiration, Wohlfühlkompass und Machbarkeitsmagie – praktisch umzusetzen und ein persönliches Stil-Manifest[11] zu erstellen, das als Leitfaden für deine zukünftigen Modeentscheidungen dient.

Bevor du beginnst, lege dein MOMS CLUB-Journal oder ein Blatt Papier sowie einige Stifte bereit. Diese Materialien werden dir helfen, deine Gedanken und Entdeckungen festzuhalten und ein visuelles und schriftliches Zeugnis deiner Stilreise zu erstellen.

Deine Stil Inspiration entdecken

- Beginne mit der Erstellung eines Moodboards in deinem MOMS CLUB-Journal oder auf einem separaten Blatt Papier. Nutze digitale Plattformen oder physische Zeitschriften, um Bilder, Farben, Muster und Looks zu sammeln, die dich inspirieren.
- Notiere neben deinem Moodboard, welche Elemente dich besonders ansprechen und warum sie eine Quelle der Inspiration für dich sind.

Deinen Wohlfühlkompass spüren

- Durchstöbere deine Garderobe und probiere verschiedene Outfits aus. Achte darauf, in welchen Kleidungsstücken du dich besonders wohl und selbstbewusst fühlst.
- Halte im MOMS CLUB-Journal oder deinen Aufzeichnungen fest, welche Eigenschaften diese Kleidungsstücke haben und überlege, was genau dieses Gefühl der Freude und des Selbstvertrauens auslöst.

---

[11] Ein **Manifest** ist eine prägnante Erklärung von Idealen, Zielen und Werten, die die Überzeugungen und Absichten einer Person oder Organisation verkörpert.

Machbarkeitsmagie anwenden

- Überlege, wie du die Elemente deiner Inspiration und die Kleidungsstücke, bei denen du dich wohl fühlst, in deinen Alltag integrieren kannst. Experimentiere mit neuen Kombinationen oder passe Trends an deinen persönlichen Stil an.

- Erstelle eine Aktionsliste im Journal, die Schritte beinhaltet, wie du deinen Stil weiterentwickeln kannst. Dies kann das Einkaufen bestimmter Schlüsselstücke, das Ausmisten nicht mehr passender Kleidung oder das Testen neuer Outfit-Kombinationen umfassen.

Erstelle dein Stil-Manifest

- Fasse deine Erkenntnisse in einem Stil-Manifest zusammen und notiere es in deinem Journal. Beschreibe deine ästhetischen Vorlieben, was dir Komfort und Selbstvertrauen verleiht und wie du dies in deinem täglichen Leben umsetzen möchtest.

- Gönne dir die Zeit, wöchentlich in dein Stil-Manifest im MOMS Club-Journal zu schauen, um deine Modeziele und persönlichen Werte lebendig zu halten. Aktualisiere es regelmäßig, um es an deine eigene Entwicklung und die Veränderungen in deinem Stil anzupassen.

✦ Gold*nugget*

Capsule Wardrobe

Die Capsule Wardrobe ist ein Konzept, das in den 1970er Jahren von Susie Faux, der Besitzerin einer Londoner Boutique, geprägt wurde. Es geht darum, einen minimalistischen, aber hochgradig funktionalen Kleiderschrank zu schaffen, der aus einer überschaubaren Anzahl sorgfältig ausgewählter Kleidungsstücke besteht. Diese Teile sind so vielseitig, dass sie miteinander kombiniert werden können, um eine Vielzahl von Outfits für unterschiedliche Anlässe zu kreieren.

Der Kerngedanke hinter der Capsule Wardrobe ist, die Komplexität der täglichen Outfit-Auswahl zu reduzieren und gleichzeitig die Qualität und Vielseitigkeit deiner Garderobe zu maximieren. Es geht darum, sich von der Überflusskultur zu distanzieren und einen nachhaltigeren, bewussteren Umgang mit Mode zu pflegen. Indem du dich auf wesentliche, zeitlose Stücke konzentrierst, die deine persönliche Ästhetik widerspiegeln und gut miteinander harmonieren, erschaffst du eine Garderobe, die nicht nur Stil, sondern auch Selbstbewusstsein und Klarheit in deinen Alltag bringt.

Eine Capsule Wardrobe vereinfacht nicht nur die tägliche Routine, indem sie die Entscheidungsfindung erleichtert, sondern fördert auch einen nachhaltigeren Lebensstil. Indem du in qualitativ hochwertige Stücke investierst, die lange halten und vielseitig einsetzbar sind, reduzierst du die Notwendigkeit, ständig neue Trends zu verfolgen. Dies führt nicht nur zu einer Reduktion von Modeabfällen, sondern hilft auch, deinen eigenen, unverwechselbaren Stil zu finden und zu pflegen.

Obwohl eine Capsule Wardrobe auf zeitlosen Grundstücken basiert, bedeutet das nicht, dass kein Raum für aktuelle Trends oder persönliche Vorlieben ist. Die Idee ist, eine solide Basis zu haben, zu der du saisonale oder trendige Stücke hinzufügen kannst, um deinem Look Frische und Individualität zu verleihen. Diese Flexibilität ermöglicht es dir, mit neuen Trends zu experimentieren, ohne dabei deinem persönlichen Stil untreu zu werden.

Von Saison zu Saison: Gestalte deine Capsule Wardrobe mit diesen inspirierenden Beispielen

Um dir zu zeigen, wie du das Konzept der Capsule Wardrobe auch in deinem Leben umsetzen kannst, habe ich zwei konkrete Beispiele aus verschiedenen Saisonen vorbereitet. Diese Beispiele sollen dir nicht nur Inspiration bieten, sondern auch verdeutlichen, wie du mit einer durchdachten Auswahl an Kleidungsstücken für jede Jahreszeit stilvoll und praktisch gekleidet sein kannst. Von der Kälte des Winters bis zur Wärme des Sommers, diese Beispiele werden dir helfen, die Vielseitigkeit und den Mehrwert einer Capsule Wardrobe zu verstehen und wie sie das tägliche Ankleiden vereinfachen kann.

Herbst/Winter Capsule Wardrobe

Grundlagen:

- **Wollmantel in Kamel oder Schwarz:** Ein zeitloses Stück, das Wärme und Eleganz bietet.
- **Strickpullover:** Einige ausgewählte Pullover in neutralen Farben wie Grau, Creme und Marineblau.
- **Hochwertige Jeans und schwarze Hosen:** Vielseitig für Casual- oder Dress-Up-Anlässe.
- **Langärmelige Blusen:** In Weiß und anderen sanften Farbtönen für Layering-Looks.
- **Strickkleid:** Ein gemütliches Stück, das sich leicht mit Stiefeln und Strumpfhosen kombinieren lässt.
- **Leder- oder Kunstlederjacke:** Perfekt für lässige Outfits und als Übergangsjacke.
- **Stiefel und robuste Sneakers:** Zwei Paar Schuhe, die sich leicht zu den meisten Outfits kombinieren lassen.
- **Accessoires:** Schals, Mützen und Handschuhe in kombinierfreudigen Farben.

Flexibilität durch Trendteile:

Ergänze deine Capsule Wardrobe mit einigen trendigen Teilen, die Farbe oder ein besonderes Design bieten, wie z.B. ein Pullover in der Pantone-Farbe[12] des Jahres oder ein Accessoire mit einem auffälligen Muster. Diese Stücke können deine Garderobe auffrischen, ohne dass du weit von deinem Kernstil abweichst.

---

[12] **Pantone** ist ein Farbsystem, das weltweit zur genauen Farbkommunikation und -reproduktion in verschiedenen Branchen eingesetzt wird. Es umfasst eindeutig nummerierte Farbtöne und wählt jährlich eine „Farbe des Jahres“ aus, die branchenübergreifende Trends beeinflusst.

Frühling/Sommer Capsule Wardrobe

Grundlagen:

- **Leichte Trenchcoats und Jeansjacken:** Ideal für kühle Morgen und Abende.
- **T-Shirts und Blusen in Pastelltönen:** Für einen frischen, saisonalen Look.
- **Fließende Röcke und leichte Hosen:** Sorgen für Komfort und Stil bei wärmerem Wetter.
- **Kleider:** Wähle ein paar vielseitige Kleider, die für den Tag oder besondere Anlässe geeignet sind.
- **Flache Sandalen und bequeme Sneakers:** Schuhe, die sowohl stilvoll als auch praktisch sind.
- **Sonnenbrille und leichte Schals:** Accessoires, die deine Outfits vervollständigen und schützen.

Flexibilität durch Trendteile:

Für die wärmere Jahreszeit können lebendige Farben und florale Muster als Trendteile dienen. Ein Kleid in einer leuchtenden Farbe oder eine Tasche mit einem einzigartigen Design können deiner Capsule Wardrobe Persönlichkeit und Frische verleihen.

Deine Capsule Wardrobe ist weit mehr als nur eine Sammlung von Kleidungsstücken. Sie ist eine liebevoll ausgewählte Reflexion deines Stils, deiner Werte und deiner Lebensphilosophie. Mit jedem sorgfältig ausgewählten Teil öffnest du die Tür zu einem Leben voller Einfachheit, Klarheit und Authentizität. Du wirst feststellen, dass weniger tatsächlich mehr sein kann, wenn jedes Stück eine Geschichte erzählt, die tief in deinem Herzen widerhallt.

Lass deine Capsule Wardrobe zu einer treuen Begleiterin auf deiner Reise durch die Jahreszeiten des Lebens werden. Sie ermutigt dich, bewusste Entscheidungen zu treffen, fördert ein nachhaltigeres Konsumverhalten und schenkt dir die Freiheit, dich auf das zu konzentrieren, was wirklich zählt – das Ausleben deiner einzigartigen Persönlichkeit und das Erstrahlen in deinem inneren Licht.

Mode als Praxis *der täglichen Selbstliebe*

Die Art und Weise, wie wir uns kleiden, ist weit mehr als eine alltägliche Routine – sie ist eine Gelegenheit für Selbstliebe und Selbstfürsorge. Anstatt das tägliche Ankleiden als lästige Aufgabe zu betrachten, können wir es als eine schöne und erfüllende Routine ansehen, aus der wir Kraft schöpfen. Durch bewusste Entscheidungen für Kleidungsstücke, die uns Freude bereiten und in denen wir uns wohl fühlen, ehren wir uns selbst und unsere Bedürfnisse. Dieser Abschnitt lädt dich ein, die tägliche Auswahl deiner Kleidung als eine achtsame Übung zu betrachten, die Selbstbewusstsein und Selbstliebe fördert und dir zeigt, wie du durch das Etablieren von Ankleideritualen jeden Tag zu einem Akt der Selbstfürsorge machen kannst.

Jeder Tag bietet eine neue Gelegenheit, dich selbst an die erste Stelle zu setzen – und das beginnt mit der Kleidung, die du wählst. Sich für Stücke zu entscheiden, die deine Stimmung heben, deinen Körper ehren und deine Persönlichkeit zum Ausdruck bringen, ist ein wahrhafter Akt der Selbstfürsorge. Es geht darum, Kleidung nicht als notwendiges Übel oder als Mittel zur Erfüllung externer Erwartungen zu betrachten, sondern als eine Möglichkeit, dich selbst zu feiern und zu pflegen.

Beginne jeden Tag mit einem Moment der Dankbarkeit und Achtsamkeit, wenn du dich anziehst. Nimm dir die Zeit, um die Farben, Texturen und Formen deiner Kleidung wirklich wahrzunehmen und fühle, wie sie sich auf deiner Haut anfühlen. Sei dankbar für die Kleidungsstücke, die du besitzt, und für die Möglichkeit, durch sie deine Einzigartigkeit auszudrücken. Diese Praxis der Achtsamkeit verwandelt das Anziehen von einer alltäglichen Routine in ein Ritual, das Selbstbewusstsein und Wertschätzung fördert.

Tipp: Plane dein Outfit für den nächsten Tag im Voraus

Eine effektive Methode, um deinen Morgen stressfreier zu gestalten und gleichzeitig sicherzustellen, dass du dich in deiner Kleidung wohl und selbstbewusst fühlst, ist, dein Outfit für den nächsten Tag bereits am Abend zuvor durchzudenken oder sogar zurechtzulegen. Dieser Ansatz bietet mehrere Vorteile:

- Zeitersparnis am Morgen: Indem du dein Outfit am Vorabend auswählst, sparst du wertvolle Zeit in deiner morgendlichen Routine. Statt Minuten oder sogar Stunden vor deinem Kleiderschrank zu verbringen, kannst du diesen gewonnenen Zeitraum für ein ausgedehntes Frühstück oder ein wenig zusätzliche Selbstfürsorge nutzen.

- Bewusste Auswahl: Am Abend hast du die Ruhe und Zeit, dein Outfit sorgfältig auszuwählen. Dies ermöglicht eine bewusstere Entscheidung, die nicht nur deiner aktuellen Stimmung entspricht, sondern auch den Anforderungen des kommenden Tages gerecht wird. Du kannst Farben und Stoffe wählen, die dich positiv stimmen und dir Energie für den Tag geben.

- Reduzierter Stress: Morgenstunden können hektisch sein. Die Entscheidung, was du anziehen sollst, während die Uhr tickt, kann unnötigen Stress verursachen. Wenn dein Outfit bereits feststeht, eliminierst du diese Stressquelle und startest entspannter in den Tag.

- Gestärktes Selbstbewusstsein: Die Wahl deines Outfits im Voraus gibt dir die Möglichkeit, Kleidung auszuwählen, die nicht nur gut aussieht, sondern in der du dich auch stark und selbstsicher fühlst. Dieses Selbstbewusstsein trägst du den ganzen Tag über mit dir und strahlst es nach außen aus.

Indem du deine Outfits bewusst planst und vorbereitest, machst du das Ankleiden zu einem integralen Bestandteil deiner Selbstfürsorge-Routine, die dir hilft, jeden Tag zur besten und erfülltesten Vision von dir selbst zu werden.

Kleidungsrituale kreieren:
Der Beginn eines jeden Tages

Das Ankleiden am Morgen kann weit mehr sein als nur eine Routine; es birgt das Potenzial, sich in ein bedeutungsvolles Ritual zu verwandeln, das die Stimmung für deinen gesamten Tag bestimmt. Indem du folgende Praktiken in deine Morgenroutine integrierst, machst du dieses Ritual zu etwas ganz Besonderem:

Positive Affirmationen

Beginne deinen Tag mit einem kraftvollen Ritual: Stehe vor dem Spiegel und sprich positive Affirmationen aus. Wähle Kleidung, die diese Botschaften von Stärke und Selbstvertrauen nicht nur widerspiegelt, sondern auch verstärkt.

Ein inspirierendes Beispiel dafür ist Maria. Jeden Morgen bestärkt sie sich vor ihrem Spiegel mit den Worten: „Ich bin stark, ich bin schön, ich bin fähig." Mit dieser Überzeugung wählt sie bewusst ein Outfit in kräftigem Rot, eine Farbe, die für sie Stärke und Leidenschaft repräsentiert. Jedes Mal, wenn Maria im Laufe des Tages ihr Spiegelbild sieht oder die Farbe ihres Kleides bemerkt, wird sie an ihre morgendlichen Worte erinnert und spürt, wie sich ihre innere Stärke manifestiert.

Bewusste Gaderobenwahl

Nimm dir jeden Morgen – oder idealerweise schon am Vorabend – bewusst Zeit, um Kleidungsstücke auszuwählen, die zu deiner aktuellen Stimmung passen oder die Stimmung, die du für den Tag anstrebst, bereits vorwegnehmen. Dieser Ansatz fördert die Verbindung zu deinem inneren Selbst.

Als Beispiel: Amelie widmet täglich fünf Minuten der Ruhe und Reflexion, um zu erkunden, wie sie sich fühlt und was der Tag für sie bereithalten könnte. Wenn sie weiß, dass Herausforderungen auf sie warten, wählt sie ein Outfit, das ihr Selbstbewusstsein stärkt, wie etwa einen elegant geschnittenen Blazer, der ihr das Gefühl gibt, jeder Herausforderung gewachsen zu sein. Diese bewusste Entscheidung für ihre Garderobe stärkt ihr Gefühl der Verbundenheit mit ihrem inneren Selbst und bietet Unterstützung.

Die Schönheit der Routine entdecken

Entdecke die Freude am alltäglichen Ankleiden, indem du Kleidungsstücke auswählst, die nicht nur optisch ansprechend sind, sondern auch eine besondere Geschichte oder Bedeutung für dich tragen.

Ein Beispiel dafür ist Elisabeth, die ein Vintage-Kleid von ihrer Großmutter geerbt hat. Auch wenn es nicht dem neuesten Modetrend entspricht, zieht Elisabeth es zu speziellen Anlässen an, denn es besitzt für sie einen einzigartigen Wert. Das Tragen dieses Kleides stärkt ihre Verbindung zu ihrer Familiengeschichte und den starken Frauen, die vor ihr kamen. Diese bewusste Entscheidung fügt der morgendlichen Ankleideroutine eine tiefere Schicht der Zufriedenheit und Bedeutung hinzu.

Indem du Mode als tägliche Praxis der Selbstliebe annimmst, erschließt du dir die kraftvolle Möglichkeit, jeden Tag bewusst zu entscheiden, wie du dich der Welt präsentieren möchtest. Dieser achtsame Prozess des Ankleidens stärkt nicht nur dein Selbstbewusstsein und hebt deine Stimmung, sondern ermöglicht es dir auch, jeden Tag als lebendiger Ausdruck deines wahren Ichs zu strahlen. Es ist eine Feier deiner individuellen Schönheit und deines einzigartigen Stils, die dich in deiner ganzen Pracht zeigt.

„Mode ist Magie –
sie verwandelt jeden Tag
in eine Chance,
die beste Version
deiner selbst zu zeigen.
Zieh' an, was dein Herz
zum Singen bringt."

Kleine Weisheiten - große Veränderungen

Tracy's Aufruf sich von den Moderegeln zu lösen

Und nun schließe ich dieses so bedeutsame Kapitel – in dem es mehr zu entdecken gab als nur den Unterschied zwischen Taupe und Beige, nicht wahr!? Erkennst du jetzt, dass Mode weit mehr als nur Kleidung ist? Betrachte deinen Kleiderschrank nicht bloß als Stauraum, sondern als Quelle der Stärke und Inspiration.

Vergiss nie: Mode dreht sich nicht um das Streben nach Perfektion, wie sie in Hochglanzmagazinen dargestellt wird. Es geht darum, Kleidungsstücke zu finden, die dein Inneres zum Leuchten bringen – Kleidung, in der du dich so fantastisch fühlst, dass du sogar im Supermarkt tanzen möchtest. Nutze Mode als deine Geheimwaffe, um täglich zu entscheiden, welche Superheldin du sein möchtest.

Betrachte deine Garderobe als dein persönliches Kostümdepot, wo jedes Teil dich in eine andere Rolle schlüpfen lässt. Sei verspielt, sei kreativ und erlaube dir, Fehler zu machen – denn jede Modepanne ist eigentlich ein verstecktes Kompliment an deine Experimentierfreude.

Sei mutig und wage es, dich von den Moderegeln zu lösen. Erinnere dich: Die mutigste Modeentscheidung ist, komplett du selbst zu sein, auch wenn das bedeutet, dass du Birkenstocks zu Ballkleidern trägst. Dein Stil ist so einzigartig wie dein Lächeln – unverwechselbar und ansteckend.

Mode soll Spaß machen, eine Liebeserklärung an dich selbst sein und die Bühne für deine täglichen Abenteuer bereiten. Also schnapp dir deinen imaginären Modestab, zaubere dir ein Outfit, das Geschichten erzählt, und erinnere dich daran, dass jede Falte, jede Linie und jede Farbe Teil deines wunderbaren Ichs ist. Und wer weiß, vielleicht wird dein nächstes Outfit ja zur Legende – oder zumindest zu einer lustigen Anekdote.

Mit jedem Stück, das du wählst, jeder Schleife, die du bindest, und jedem Schuh, den du zum Tanzen trägst, schreibst du deine Geschichte weiter. Also, trag sie mit einem Augenzwinkern, einem breiten Grinsen und, am wichtigsten, mit einer riesengroßen Portion Liebe. Viel Spaß dabei!

Kapitel 07

Geheimnis Nummer 5

Die Zeitfalle überwinden: *Zeitmanagement für ein stressfreieres Leben*

In unserem hektischen Alltag, der oft einem Balanceakt auf einem High-Fashion-Laufsteg gleicht, hat sich Zeit zu einem unserer wertvollsten Accessoires entwickelt. Für Frauen, die Familienpflichten erfüllen, beruflichen Aufgaben nachgehen und gleichzeitig ihren persönlichen Interessen sowie Freundschaften Raum geben wollen, kann der ständige Kampf gegen die Zeit überwältigend wirken. Dieses Kapitel, das Geheimnis Nummer 5, dient als Leitfaden, um im Zeitmanagement nicht nur zu überleben, sondern darin zu glänzen. Du wirst lernen, deine Zeit wie ein kostbares Juwel zu behandeln und effektiv zu nutzen, um Balance und Erfüllung in allen Lebensbereichen zu erreichen.

In einer Gesellschaft, die von uns verlangt, ständig mehr zu tun, schneller zu sein und niemals innezuhalten, hebt dieses Kapitel die entscheidende Rolle des Zeitmanagements und der Priorisierung hervor. Es ist nicht nur ein Schlüssel zu effizienterem Leben, sondern auch ein essentieller Bestandteil deiner Selbstfürsorge und persönlichen Entwicklung. Dieses Kapitel ruft zum Handeln auf und lädt dich ein, die Fesseln der ständigen Geschäftigkeit abzulegen, um Raum für die wirklich wichtigen Momente, Leidenschaften und Menschen zu schaffen. Es erinnert dich daran, dass du die Chefdesignerin deines Lebens bist und dass du durch bewusstes Zeitmanagement die Macht hast, die Geschichte deines Lebens nach deinen Vorstellungen zu entwerfen, gezeichnet von Zufriedenheit und Freude.

Um aus der Zeitfalle auszubrechen, müssen wir zuerst verstehen, wie wir hineingeraten sind. Die Zeitfalle schnappt zu, wenn unsere Tage mit Aufgaben gefüllt werden, die uns von unseren wahren Prioritäten ablenken, wenn wir Ja zu Dingen sagen, die unsere Zeit rauben, ohne Freude oder Erfüllung zu bringen, und wenn wir in der Illusion gefangen sind, dass wir alles tun müssen, um unseren Wert zu beweisen.

Für berufstätige Mütter und Frauen ist diese Falle besonders tückisch. Der Spagat zwischen familiären Anforderungen, Berufsverpflichtungen, und dem Wunsch nach persönlichen Zielen kann das Gefühl erzeugen, ständig zerrissen zu sein. Die Zeitfalle manifestiert sich in überquellenden Terminkalendern, dem Gefühl, nie genug Zeit für das Wesentliche zu haben, und in der Erschöpfung, die eintritt, wenn wir versuchen, es allen recht zu machen – oft auf Kosten unserer eigenen Gesundheit und unseres Wohlbefindens.

Doch es gibt gute Nachrichten: Wir sind dieser Falle nicht hilflos ausgeliefert. Durch das Verständnis der Mechanismen, die zur Zeitfalle führen, können wir beginnen, bewusste Entscheidungen über unsere Zeit und Energie zu treffen. Es geht darum zu erkennen, dass nicht jede Aufgabe gleich wichtig ist, dass es in Ordnung ist, um Hilfe zu bitten, und dass es essentiell ist, auch Zeiten der Ruhe und Erholung einzuplanen.

Indem wir lernen, unsere Zeit bewusst zu managen und das zu priorisieren, was uns am Herzen liegt, können wir die Zeitfalle nicht nur überwinden, sondern ein Leben erschaffen, das reich an Momenten ist, die uns erfüllen und glücklich machen.

Franziska, die überarbeitete Mutter

Franziska, 38, ist eine berufstätige Mutter von zwei Kindern, die ständig versucht, den Aktivitäten ihrer Kinder, den Anforderungen ihres Jobs und den Bedürfnissen ihres Haushalts gerecht zu werden. Trotz ihrer Bemühungen, alles unter einen Hut zu bringen, fühlt sie sich oft überwältigt und erschöpft, was nicht nur ihr Selbstwertgefühl beeinträchtigt, sondern auch zu Schlafproblemen und einem Gefühl der Unzulänglichkeit führt. Franziskas Situation veranschaulicht die psychologische Belastung, die durch schlechtes Zeitmanagement entstehen kann – Stress, Schuldgefühle und allgemeine Unzufriedenheit.

Gerlinde, die Perfektionistin

Gerlinde, 42, setzt sich hohe Standards in ihrem Privatleben und in ihrer Karriere als Anwältin. Ihr Streben nach Perfektion und die Unfähigkeit, Aufgaben zu delegieren oder um Hilfe zu bitten, führen zu ständigem Stress und Druck. Dieser Perfektionismus resultiert in chronischem Stress und Angstzuständen, und Gerlinde findet kaum Zeit für Entspannung, was ihr Wohlbefinden beeinträchtigt.

Vielleicht erkennst du dich teilweise in Franziskas oder Gerlindes Geschichte wieder, oder du kennst jemanden in ähnlichen Umständen. Was meinst du, liebe Leserin, wie lange können Franziska und Gerlinde so weitermachen, bevor sie grundlegende Veränderungen in ihrem Leben vornehmen müssen?

Genau, der Punkt des Ausbrennens ist näher, als man denkt. Burnout ist nicht nur eine entfernte Möglichkeit, sondern eine sehr reale Gefahr für Menschen, die unter ständigem Druck stehen, ohne sich Zeit für Entspannung, Selbstfürsorge und persönliches Wachstum zu nehmen. Es ist ein Zustand totaler Erschöpfung – emotional, körperlich und mental –, der einsetzt, wenn wir kontinuierlich mehr von uns verlangen, als wir zu leisten imstande sind.

Solche Szenarien sind in unserer schnelllebigen Welt, in der das Gleichgewicht zwischen Privat- und Berufsleben oft einem Drahtseilakt gleicht, keine Seltenheit. **Doch es ist entscheidend zu verstehen, dass nicht das Schicksal, sondern unsere täglichen Entscheidungen – besonders darüber, wie wir unsere Zeit einteilen, uns in solche Situationen bringen.**

Das Bewusstsein für die Risiken schlechten Zeitmanagements ist der erste Schritt zur Veränderung. Es dient als Weckruf, der uns bewusst macht, dass es an der Zeit ist, unsere Gewohnheiten zu überdenken und neue Strategien zu adaptieren, die nicht nur unsere Effizienz steigern, sondern auch unser Wohlergehen schützen.

In den folgenden Abschnitten dieses Kapitels werden wir uns mit effektiven Zeitmanagement-Techniken beschäftigen, die dir helfen, aus der Zeitfalle zu entkommen. Du wirst lernen, Prioritäten zu setzen, die dein Leben bereichern und nicht nur deinen Kalender füllen. Lass mich dir meine Werkzeuge vorstellen, die dir den Weg zu einem ausgeglichenen, glücklichen und tief erfüllten Leben ebnen.

Zeit ist wie ein Stoff:
Wir können sie
verschwenden,
oder wir kreieren etwas
Wunderschönes daraus.

Die Grundlagen *des Zeitmanagements*

Zeitmanagement wird oft als eine Kunst betrachtet, die jeder meistern muss, aber nur wenige wirklich beherrschen. Es geht darum, die kostbaren Stunden unseres Tages so zu nutzen, dass sie nicht nur Effizienz und Produktivität steigern, sondern auch unser persönliches Wohlbefinden fördern. Diese Einführung in die Grundlagen des Zeitmanagements wird dir nicht nur helfen, deine Tage besser zu strukturieren, sondern auch mehr Raum für die Dinge zu schaffen, die dir am Herzen liegen.

1. **Priorisierung:** Beginne damit, das Dringende vom Wichtigen zu unterscheiden.

   Dringende Aufgaben sind solche, die unmittelbare Aufmerksamkeit erfordern, wie der Anruf der Schule, dass ein Kind krank ist und abgeholt werden muss, oder eine Deadline, die kurz bevorsteht. Diese Aufgaben verlangen oft schnelles Handeln.

   Wichtige Aufgaben sind jene, die zur Erreichung deiner langfristigen Ziele und Prioritäten beitragen, wie das Planen regelmäßiger Bildungsaktivitäten für deine Kinder oder das Investieren in deine eigene Weiterbildung. Diese Aufgaben erfordern zwar nicht sofortige Aufmerksamkeit, haben aber einen bedeutenden Einfluss auf deine persönliche und familiäre Entwicklung.

   Indem du lernst, diese beiden Arten von Aufgaben zu unterscheiden und entsprechend zu priorisieren, kannst du sicherstellen, dass du nicht nur auf kurzfristige Dringlichkeiten reagierst, sondern auch langfristige Ziele aktiv vorantreibst. Das fördert ein ausgewogenes und zielgerichtetes Handeln in deinem Alltag.

2. **Planung:** Effektive Planung verwandelt deine Prioritäten in konkrete, umsetzbare Schritte. Nutze Kalender und Planungstools, um deine Tage und Wochen vorauszudenken. Dies hilft dir, Überbuchungen zu vermeiden und sicherzustellen, dass jede Aufgabe genügend Zeitfenster erhält.

3. **Grenzen setzen:** Das Setzen klarer Grenzen ist entscheidend für ein effektives Zeitmanagement. Lerne, unerwünschte Anfragen und Ablenkungen abzulehnen, um deine Ressourcen auf das zu konzentrieren, was wirklich zählt. Dies schützt nicht nur deine Zeit, sondern fördert auch ein gesundes Selbstbewusstsein.

4. **Zeitblöcke erstellen:** Festgelegte Zeitblöcke für spezifische Aufgaben oder Projekte können deine Effizienz erheblich steigern. Diese Methode reduziert den Wechsel zwischen verschiedenen Aufgaben, was mental anstrengend sein kann und oft als Zeitverschwendung gilt. Multitasking mag zwar effizient erscheinen, führt jedoch häufig zu Fehlern und reduzierter Aufmerksamkeit für jede einzelne Aufgabe. Studien zeigen, dass Multitasking die Qualität der Arbeit beeinträchtigt und das Stresslevel erhöhen kann, da das ständige Hin- und Herwechseln zusätzliche kognitive Belastungen schafft. Indem du dich auf eine Aufgabe zu einem Zeitpunkt konzentrierst, kannst du nicht nur gründlichere und qualitativ hochwertigere Ergebnisse erzielen, sondern auch dein Wohlbefinden und deine Arbeitszufriedenheit verbessern.

5. **Pausen einplanen:** Unterschätze niemals die Kraft einer Pause. Regelmäßige Pausen helfen, deine Energie zu bewahren und Burnout zu vermeiden. Kurze Spaziergänge, Dehnübungen oder eine kurze Meditationspause können deine Produktivität und Kreativität steigern.

6. **Reflexion:** Am Ende des Tages oder der Woche solltest du dir Zeit nehmen, um deine Fortschritte zu bewerten und deine Methoden anzupassen. Diese Reflexion ermöglicht es dir, aus Erfahrungen zu lernen und stetig deine Techniken im Zeitmanagement zu verbessern.

Um diese Prinzipien erfolgreich umzusetzen, ist es hilfreich, spezifische Ziele zu definieren, die klar, messbar und erreichbar sind. Hierbei leistet die **ALPEN-Methode von Lothar Seiwert** wertvolle Hilfe. Diese einfache, jedoch wirkungsvolle Strategie ermöglicht es dir, deinen Tag strukturiert zu planen, während du gleichzeitig flexibel auf unvorhergesehene Ereignisse reagieren kannst. Erfahre, wie du mit der ALPEN-Methode mehr Struktur in deine Tage bringen und das, was dir wichtig ist, in den Mittelpunkt stellen kannst.

Die 5 Schritte *der ALPEN-Methode*

A – Aufgaben: Beginne damit, dir einen klaren Überblick über alle Aufgaben zu verschaffen, die du erledigen musst. Notiere alles, was dir in den Sinn kommt, ohne dabei zu filtern. Dies verschafft dir einen klaren Ausgangspunkt für die weitere Planung.

L – Länge (Dauer): Mit deiner Aufgabenliste vor Augen, schätze nun, wie lange jede Aufgabe dauern wird. Sei dabei realistisch, aber zugleich ein wenig ambitioniert – gemäß dem Parkinsonschen Gesetz nimmt Arbeit genau so viel Zeit in Anspruch, wie ihr zur Verfügung gestellt wird. Durch ein etwas engeres Zeitbudget kannst du deine Produktivität fördern.

P – Pufferzeiten einplanen: Da nicht alles vorhersehbar ist und oft unerwartete Aufgaben oder Herausforderungen auftreten, ist es klug, etwa 40% deiner verfügbaren Zeit als Puffer einzuplanen. Diese Pufferzeiten helfen dir, flexibel auf Unvorhergesehenes zu reagieren, ohne dass dein gesamter Zeitplan durcheinander gerät.

E – Entscheidungen treffen: Jetzt ist der Moment gekommen, Prioritäten zu setzen. Frage dich: Welche Aufgaben sind am dringendsten? Welche könnten gegebenenfalls warten? Passe deinen Plan entsprechend an, um sicherzustellen, dass die wichtigsten Aufgaben Vorrang haben.

N – Nachkontrolle: Überprüfe deinen Plan abschließend. Stelle sicher, dass die geplante Umsetzung realistisch ist, dass die Prioritäten angemessen gesetzt sind und dass du kleinere Aufgaben eventuell zu effizienten Blöcken zusammengefasst hast.

Die ALPEN-Methode *in der Praxis*

Die ALPEN-Methode eignet sich hervorragend dafür, am Ende eines Tages den folgenden Tag zu planen. So kannst du beruhigt in den Feierabend starten, sicher in dem Wissen, dass du am nächsten Morgen genau weißt, wo und wie du beginnen wirst. Diese Methode verschafft dir einen umfassenden Überblick und ermöglicht es dir, die richtige Perspektive auf die anstehenden Projekte und Aufgaben zu entwickeln.

Es ist wichtig zu betonen, dass die korrekte Einplanung von Pufferzeiten, mit der ALPEN-Methode gut umsetzbar ist. Sie stellt ein wertvolles Instrument für diejenigen dar, die lernen möchten, ihre Zeit effektiver zu managen. Durch ihre strukturierte Herangehensweise erlaubt sie es, produktiver zu sein, während sie zugleich genügend Flexibilität für spontane Ereignisse oder kreative Pausen bietet.

Mit der ALPEN-Methode als festem Bestandteil deines Zeitmanagement-Repertoires ist es möglich, die Zeitfalle nicht nur zu überwinden, sondern auch einen Pfad zu einem ausgeglicheneren und zufriedeneren Arbeits- und Privatleben zu ebnen – genau wie Aurelia es getan hat.

„Zeit ist nicht Geld.
Zeit ist viel mehr.
Zeit ist dein Leben.“

Lothar J. Seiwert

„Nicht die Zeit managt uns, sondern wir managen uns selbst in der Zeit.“

Lothar Seiwert

Praktisches Beispiel

Aurelias Transformation: *Von Überlastung zu Überblick*

Aurelia, eine 36-jährige Mutter zweier lebhafter Kinder und engagierte Call-Center-Mitarbeiterin, sieht sich täglich mit der Herausforderung konfrontiert, ihre zahlreichen Verpflichtungen zu jonglieren. Der Alltag ist ein Balanceakt zwischen beruflichen Deadlines, Schulveranstaltungen und dem eigenen Bedürfnis nach Selbstfürsorge. Abends fühlt sie sich oft erschöpft, ohne Zeit für sich gefunden zu haben. Aurelia ist klar: Um dem Hamsterrad der ständigen Überforderung zu entkommen, muss sie etwas ändern.

Eines Abends, nachdem die Kinder schlafen, entdeckt Aurelia die ALPEN-Methode in einer YouTube Reportage. Sie beschließt, dieser strukturierten Vorgehensweise eine Chance zu geben, um ihren Tag besser zu organisieren und vielleicht sogar Zeit für sich selbst zu gewinnen.

A wie Aufgaben: Bei einer Tasse heißem Tee beginnt Aurelia, alle anstehenden Aufgaben aufzulisten: berufliche Projekte, Einkäufe, Kinderarzttermine. Das Aufschreiben verschafft ihr Erleichterung und zum ersten Mal den Überblick, den sie sich wünscht.

L wie Länge: Sie schätzt, wie viel Zeit jede Aufgabe benötigen wird, und erkennt, dass sie manchen Tätigkeiten zu viel Raum in ihrem Leben eingeräumt hat.

P wie Pufferzeiten: Aurelia plant bewusst 40% ihrer Zeit für Unvorhergesehenes ein. Zunächst kommt ihr das viel vor, doch die Erfahrung zeigt ihr, wie wertvoll diese Flexibilität ist, um den Tag ohne ständige Hetze zu meistern.

E wie Entscheidungen treffen: Es ist Zeit für Prioritäten. Nicht alles ist gleich wichtig. Aurelia entscheidet, sich auf das Wesentliche zu konzentrieren und ihre eigenen Bedürfnisse nicht länger zu vernachlässigen.

N wie Nachkontrolle: Vor dem Schlafengehen überprüft sie ihren Plan für den nächsten Tag, nervös, aber hoffnungsvoll. Der Plan wirkt realisierbar, und zum ersten Mal seit Langem fühlt Aurelia sich nicht mehr hilflos.

In den Wochen danach wird die ALPEN-Methode zu Aurelias Ritual. Nicht jeder Tag ist perfekt, Anpassungen sind nötig, aber das Gefühl der Kontrolle und die gewonnene Zeit für sich selbst sind unbezahlbar. Sie genießt ihre Abende, findet Zeit für ein Buch oder ein Bad und spürt ein wachsendes Gefühl der Zufriedenheit.

✦ Gold*nugget*

Die 4 Stunden-Woche

Stell dir vor, es gäbe einen Weg, das ständige Gefühl der Überforderung, das viele von uns am Ende des Tages verspüren, zu überwinden. Einen Weg, der nicht durch das Schreiben endloser Listen für den nächsten Tag führt, sondern der Freiheit, Flexibilität und vor allem Lebensfreude verspricht. Für alle, die sich bei der ALPEN-Methode dachten: „Das passt nicht zu mir, ich kann nicht einfach alles für morgen planen", präsentiere ich eine magische Alternative, verpackt in einem besonders schicken Rüschenärmel: die revolutionäre „4-Stunden-Woche" von Tim Ferriss.

Die Quintessenz der „4-Stunden-Woche"

Tim Ferriss' Werk „Die 4-Stunden-Woche" ist weit mehr als ein herkömmliches Buch über Zeitmanagement. Es ist ein Aufruf zum Umdenken, ein Manifest für all jene, die sich ein Leben jenseits der Routinen zwischen Zuhause und Arbeitsplatz erträumen. Ferriss stellt die traditionelle Auffassung von Arbeit auf den Kopf und entwirft eine einfache, doch tiefgreifende Lebensphilosophie: Arbeite weniger, erlebe mehr.

Mit pragmatischen Ratschlägen, erprobten Strategien und inspirierenden Erfolgsgeschichten zeigt Ferriss, wie durch Automatisierung, Delegation und cleveres Zeitmanagement der Arbeitsaufwand signifikant reduziert werden kann. Doch sein Anliegen reicht weiter: Es geht um eine komplette Neugestaltung des Lebens. Ein Leben, das nicht der Tyrannei einer 40-Stunden-Woche unterliegt, sondern das frei ist für Abenteuer, Leidenschaft und die Erfüllung persönlicher Träume.

Wie die „4-Stunden-Woche" dein Leben verändern kann

Für berufstätige Mütter, ambitionierte Karrierefrauen und alle, die im Alltag zwischen zahlreichen Verpflichtungen jonglieren, bietet die „4-Stunden-Woche" eine Hoffnungsperspektive. Stell dir vor, du könntest:

- Deine Arbeit so automatisieren oder delegieren, dass du mehr Zeit für das hast, was dir wirklich wichtig ist.

- Deine Arbeitswoche so gestalten, dass genug Raum für persönliche Entwicklung, Familie und Hobbys bleibt.

- Mit einem frischen Blick auf Effektivität und Priorisierung deine Produktivität steigern, ohne dabei dem Burnout nahezukommen.

Die „4-Stunden-Woche" zeigt uns, dass es möglich ist, die Ketten des herkömmlichen Arbeitslebens zu sprengen und ein Leben in Erfüllung und Freiheit zu führen. Sie motiviert uns, groß zu träumen und noch mutiger zu sein, diese Träume in die Realität umzusetzen.

Die „4-Stunden-Woche" als Lebenswandel

Wenn du bereit bist, die Herausforderung anzunehmen und dein Leben nach deinen eigenen Regeln zu gestalten, dann ist „Die 4-Stunden-Woche" mehr als nur ein Buch – es markiert den Beginn einer Reise zu einem tieferen, reicheren und freieren Leben. Es ist eine Einladung, die Ketten traditioneller Erwartungen zu sprengen und mutig deinen eigenen Weg zu beschreiten.

Für berufstätige Mütter und Frauen, die sich oft zerrissen fühlen zwischen den den Bedürfnissen der Familie, den Anforderungen der Arbeit und dem Verlangen nach persönlicher Zeit, mag die Idee einer 4-Stunden-Arbeitswoche wie ein unerreichbarer Traum erscheinen. Der Druck, in allen Lebensbereichen perfekt zu sein, kann überwältigend sein, und die Vorstellung, deutlich weniger zu arbeiten, während man gleichzeitig ein erfülltes Leben führt, scheint fast utopisch. Doch die Methoden, die Tim Ferriss in „Die 4-Stunden-Woche" aufzeigt, sind nicht nur revolutionär, sie bieten auch praktische Lösungen, die sich in das Leben jeder beschäftigten Frau integrieren lassen.

Begrenzung der Arbeitszeit: Ferriss ermutigt dazu, klare Grenzen für die Arbeitszeit zu ziehen. Für berufstätige Mütter könnte dies bedeuten, feste Arbeitszeiten festzulegen, um sicherzustellen, dass der Abend der Familie oder eigenen Interessen gewidmet ist. Solche Grenzen sind entscheidend, um eine gesunde Work-Life-Balance zu fördern und Burnout zu vermeiden.

Befreiung von der 9-to-5-Mentalitätt: Viele Frauen glauben, dass sie innerhalb der traditionellen Arbeitszeiten am produktivsten sind. Ferriss lädt uns jedoch ein, diese Annahme zu hinterfragen und nach flexibleren Arbeitsmodellen zu suchen, die besser zu unserem Lebensstil passen. „Home Office“ könnte es dir beispielsweise ermöglichen, deine Arbeit in den frühen Morgen- oder späten Abendstunden zu erledigen, wenn die Kinder schlafen, und so mehr Zeit für sie zu haben, wenn sie wach sind.

Fokus auf Effizienz: Priorisierung und Konzentration auf Effizienz sind Schlüsselkomponenten der Ferriss-Methode. Dies bedeutet, Meetings auf das Wesentliche zu beschränken, E-Mails in festgelegten Zeitfenstern zu bearbeiten und Multitasking zu vermeiden, das oft mehr schadet als nützt. Indem du lernst, in der verfügbaren Zeit effektiver zu arbeiten, kannst du deine Arbeitslast verringern und dennoch hervorragende Ergebnisse erzielen.

Leben gestalten: Im Kern geht es bei der „4-Stunden-Woche“ darum, ein Leben nach deinen eigenen Vorstellungen zu entwerfen. Was würdest du tun, wenn du die Freiheit dazu hättest? Vielleicht möchtest du eine neue Sprache lernen, ein Hobby vertiefen oder einfach mehr Zeit in der Natur verbringen. Beginne mit kleinen Schritten, um diese Träume in deinen Alltag zu integrieren.

Tim Ferriss‘ „Die 4-Stunden-Woche“ ist mehr als nur eine Anleitung zur Reduzierung der Arbeitszeit; es ist eine Einladung, dein Leben neu zu denken und aktiv zu gestalten. Für berufstätige Mütter und ambitionierte Frauen bedeutet dies, den Mut aufzubringen, konventionelle Arbeitsmuster in Frage zu stellen und proaktive Schritte zu einem erfüllteren, ausgewogeneren Leben zu unternehmen. Dieser Weg erfordert Mut, Disziplin und die Offenheit, alte Gewohnheiten zu hinterfragen. Die Belohnungen dafür sind jedoch unbezahlbar: mehr Zeit, weniger Stress und ein tieferes Gefühl der Zufriedenheit. Wenn du mehr über die Prinzipien eines effizienteren Lebensstils erfahren und praktische Tipps zur Umsetzung erhalten möchtest, empfehle ich dir wärmstens, dir „Die 4-Stunden-Woche“ zu besorgen. Es ist ein unverzichtbarer Leitfaden für alle, die nach einer radikalen Veränderung ihrer Arbeits- und Lebensweise streben.

Das Buch findest du über folgende Link oder scanne den QR-Code:
https://plummer-publishing.com/de/moms-buch-club

„Konzentriere dich darauf,
produktiv zu sein,
statt beschäftigt."

Tim Ferris

Wie die „4-Stunden-Woche" *Leben verändert*

Ich möchte dir gerne 3 Frauen vorstellen und so das Konzepte der „4-Stunden-Woche" von Tim Ferriss zum Leben erwecken.

Automatisierung und Outsourcing: Mia, die Krankenschwester

Mia, eine 27-jährige Krankenschwester und alleinerziehende Mutter eines Volksschulkindes, sah sich ständig mit dem Problem konfrontiert, ihre Schichten im Krankenhaus mit den Bedürfnissen ihres Sohnes in Einklang zu bringen. Überstunden prägten ihren Alltag, und die wenige Freizeit, die ihr blieb, war gefüllt mit Haushaltsaufgaben. Sie sehnte sich danach, mehr Quality Time mit ihrem Sohn verbringen zu können, statt ständig erschöpft zu sein.

„Inspiriert von dem Buch „Die 4-Stunden-Woche" entschloss sich Mia zu einem radikalen Schritt: Sie automatisierte ihre Finanzen und die Rechnungsstellung durch Online-Dienste und delegierte die Haushaltsreinigung an einen professionellen Reinigungsservice. Diese Veränderungen machten es möglich, dass Mia ihre knapp bemessene Zeit anders nutzen konnte."

Mit der neu gewonnenen Zeit konzentrierte sich Mia darauf, sich beruflich weiterzubilden. Ihre Anstrengungen zahlten sich aus, als sie eine bessere Position im Krankenhaus erlangte, die nicht nur besser bezahlt war, sondern auch stabilere und familienfreundlichere Arbeitszeiten bot. Dies erlaubte es ihr, regelmäßig an den Nachmittagen frei zu haben, um ihren Sohn von der Schule abzuholen und die Nachmittage gemeinsam zu verbringen.

Durch das Setzen klarer Prioritäten und das geschickte Management ihrer Ressourcen transformierte Mia ihr Leben. Sie konnte nicht nur ihre Karriere vorantreiben, sondern auch ihre Beziehung zu ihrem Sohn stärken.

Begrenzung der Arbeitszeit: Sarah, die Boutique-Besitzerin

Sarah, 52 Jahre alt, führte eine kleine Boutique im Herzen der Stadt, die ihr Lebenswerk darstellte. Trotz ihrer Leidenschaft für das Geschäft fanden die langen Öffnungszeiten und die tägliche Anwesenheit im Laden ihren Tribut an Sarahs Privatleben, insbesondere an der Zeit mit ihren zwei erwachsenen Kindern und zwei Enkelkindern, für die sie sich mehr engagieren wollte. Inspiriert durch das Buch „Die 4-Stunden-Woche", beschloss Sarah, einen mutigen Schritt zu machen: Sie begrenzte die Ladenöffnungszeiten und eröffnete zusätzlich einen Online-Shop. Diese Entscheidung erforderte anfangs viel Einsatz, um den Online-Shop aufzubauen und die Kunden an die neue Verkaufsform zu gewöhnen.

Die Umstellung zahlte sich jedoch bald aus, da sie nun den Großteil ihres Geschäfts online abwickeln konnte. Dies führte nicht nur zu einer Steigerung ihrer Einnahmen, da ihr Geschäft nun rund um die Uhr „geöffnet" war, sondern gab ihr auch das kostbare Geschenk der Zeit zurück. Mit den neu gewonnenen Freiheiten konnte Sarah endlich mehr Quality Time mit ihrer Familie verbringen, von spontanen Besuchen bei ihren Kindern bis hin zu Nachmittagen im Park mit ihren Enkelkindern. Sarahs Geschichte ist ein leuchtendes Beispiel dafür, wie strategische Anpassungen im Berufsleben zu einem erfüllteren Familienleben führen können.

Befreiung von der 9-to-5-Mentalitätt: Lisa, die Lehrerin

Lisa, 38, unterrichtete leidenschaftlich an einer Grundschule, fand jedoch die starren Arbeitszeiten und die notwendige Vor- und Nachbereitungszeit zu Hause belastend. Inspiriert von der „4-Stunden-Woche", suchte Lisa nach flexibleren Lösungen. Nach Gesprächen mit der Schulleitung führte sie ein Pilotprojekt für Blended Learning ein, das Präsenzunterricht mit digitalen Lerneinheiten kombinierte. Diese Anpassung ermöglichte es ihr, teilweise von zu Hause aus zu arbeiten, wodurch sie mehr Qualitätzeit mit ihren Kindern verbringen konnte. Gleichzeitig erlaubte es ihr, ihre Schulkinder durch die personalisierten Online-Module effektiver und individueller zu fördern.

Mia, Sarah und Lisa sind nur drei Beispiele von unzähligen Frauen, die den Mut gefunden haben, ihre Arbeitsweise zu hinterfragen und Veränderungen herbeizuführen, die ihr Leben zum Besseren wendeten. Ihre Geschichten sind ein lebendiger Beweis dafür, dass die „4-Stunden-Woche" mehr ist als ein Traum – sie ist eine realisierbare Vision, wenn wir bereit sind, konventionelle Denkmuster zu durchbrechen und proaktive Schritte in Richtung eines ausgewogeneren Lebens zu unternehmen. Diese Frauen haben nicht nur ihre Arbeitsbelastung reduziert, sondern auch Qualität und Zufriedenheit in ihr Leben gebracht.

Lass dich von Mia, Sarah und Lisa inspirieren, über die Grenzen dessen hinauszuschauen, was traditionell erwartet wird, und erkunde mutig deinen eigenen Weg zu einem reicheren, freieren Leben.

Kleine Weisheiten - große Veränderungen

Tracy´s Aufruf zu „Nährstoffbomben“

Ah, Priorisierung, das ewige Dilemma zwischen dem, was dringend schreit, und dem, was leise flüstert, dass es wichtig ist. Stell dir vor, dein Tag ist ein Buffet, und du hast nur einen Teller. Auf diesem Buffet findest du alles von dringenden „Brandlöschern“ bis hin zu wichtigen „Nährstoffbomben“. Die Kunst der Priorisierung ist wie die Entscheidung, ob du dich auf die verlockenden, aber letztlich unbefriedigenden Fast-Food-Optionen (dringende Aufgaben) stürzt oder dich auch für das nahrhafte, erfüllende Hauptgericht (wichtige Aufgaben) entscheidest, das dich den ganzen Tag über stärkt.

Und dann gibt es noch die Zeitfresser – jene heimtückischen kleinen Snacks, die so harmlos aussehen und doch so kalorienreich sind. Sie sind wie die Chips am Buffet: Einmal angefangen, kann man nicht mehr aufhören. Bevor du es merkst, hast du das ganze Sackerl geleert (oder den ganzen Tag mit E-Mails und Social Media verbracht) und fühlst dich danach leer und unbefriedigt. Zeitfresser zu erkennen, ist der erste Schritt zur Besserung. Sie tarnen sich oft als dringende Aufgaben, sind aber meistens weder dringend noch wichtig. Sie sind die „Fake News“ deines Zeitmanagements.

Die Eliminierung dieser Zeitfresser beginnt mit einem mutigen Schritt: dem „Nein“-Sagen. Nein zur 15. Überprüfung deiner E-Mails, nein zum zehnten Scrollen durch Social Media, nur um zu sehen, ob das Leben anderer wirklich spannender ist als deins (Spoiler: Ist es nicht). Es geht darum, diese Zeitfresser bei ihrem Namen zu nennen und sie dann entschlossen von deinem Teller zu verbannen.

Stattdessen fülle deinen Teller – und deinen Tag – mit dem, was dich wirklich nährt: Aufgaben, die dich deinen Zielen näherbringen, Zeit mit Menschen, die dir wichtig sind, und Aktivitäten, die dir Freude bereiten. Es ist wie bei dem Buffet: Die besten Entscheidungen triffst du, wenn du nicht hungrig (oder in diesem Fall, gestresst) bist. Plane voraus, setze klare Prioritäten und gib den wichtigen Dingen in deinem Leben den Raum, den sie verdienen. So wird jeder Tag zu einem Festmahl, das dich zufrieden und erfüllt zurücklässt.

Also, liebe Leserin, schnapp dir deinen metaphorischen Teller und mach dich bereit, kluge, nährstoffreiche Entscheidungen zu treffen, die dein Leben bereichern. Und vergiss nicht: Jeder Tag ist eine neue Chance, dein Buffet neu zu arrangieren und die Zeitfresser in die Schranken zu weisen. Bon Appétit!

„Mit der Zeit wird die Zeit immer wichtiger."

Praktische Übung

Meisterin deiner Zeit: *Ein 5-Schritte-Plan zur Eroberung deines Kalenders*

Huhu, dein MOMS CLUB-Journal oder ein Blatt Papier wartet auf dich! Jetzt ist der perfekte Zeitpunkt, um die Theorie beiseitezulegen und aktiv zu werden. Wir begeben uns gemeinsam auf einen Weg, der uns nicht nur lehrt, unsere Zeit klug zu nutzen, sondern auch jeden Moment bewusst zu gestalten. Diese Übung dient als persönlicher Leitfaden, um dem Strudel der ständigen Beschäftigung zu entkommen und ein Leben voller Bedeutung, Freude und wertvollen Momenten zu erschaffen.

Schritt 1: Erkenne deine Zeitfresser

Starte mit einer ehrlichen Analyse deines Tagesablaufs. Führe für eine Woche ein detailliertes Tagebuch, in dem du festhältst, womit du deine Zeit verbringst – vom Aufwachen bis zum Zubettgehen. Ziel ist es, Muster zu erkennen und die größten Zeitfresser in deinem Alltag zu identifizieren.

Schritt 2: Priorisiere bewusst

Nach deiner Woche der Selbstbeobachtung nimm dir Zeit, um deine Erkenntnisse zu reflektieren. Welche Aktivitäten bringen dich deinen Zielen näher und welche hindern dich daran? Erstelle eine Liste deiner wichtigsten Prioritäten, sowohl im persönlichen als auch im beruflichen Bereich, und ordne sie nach ihrer Dringlichkeit und Wichtigkeit.

Schritt 3: Plane deine Woche

Nutze deine bereits erstellte Prioritätenliste, um mithilfe der ALPEN-Methode deine kommende Woche zu organisieren. Diese Technik unterstützt dich dabei, gezielte Zeitblöcke für deine wichtigsten Aufgaben zu reservieren. Vergiss nicht, auch Zeiten für persönliche Entspannung, Bewegung oder Hobbys einzuplanen, die dir Freude bereiten.

Schritt 4: Setze Grenzen

Lerne, Nein zu sagen – zu beruflichen Anfragen, die nicht zu deinen Prioritäten passen, und zu privaten Verpflichtungen, die mehr Energie kosten, als sie geben. Grenzen zu setzen ist ein Akt der Selbstfürsorge, der es dir ermöglicht, deine Zeit und Kraft auf das Wesentliche zu fokussieren.

Schritt 5: Reflektiere und passe an

Am Ende jeder Woche, reflektiere über das Erlebte. Was hat funktioniert? Was könntest du verbessern? Sei dabei nachsichtig mit dir – Zeitmanagement ist eine Kompetenz, die mit der Zeit reift. Nutze diese Reflexionsphasen, um deine Planung für die nächste Woche zu verfeinern und kontinuierlich zu verbessern.

Herzlichen Glückwunsch! Du hast wichtige Schritte unternommen, um Meisterin deiner Zeit zu werden. Indem du deine Zeitfresser identifizierst, Prioritäten setzt, planst, Grenzen ziehst und regelmäßig reflektierst, öffnest du die Tür zu einem Dasein, in dem du nicht nur existierst, sondern wirklich lebst.

Erinnere dich daran, dass Zeitmanagement eine Reise ist, keine Bestimmung. Jeder Tag bietet eine neue Gelegenheit, zu lernen, zu wachsen und deine Praktiken zu verfeinern. Sei geduldig mit dir selbst und feiere jeden kleinen Erfolg auf diesem Weg.

Nun, da du die Werkzeuge hast, ist es an dir, deinen Kalender – und dein Leben – mutig zu erobern. Mach dich bereit, deine Träume zu verwirklichen, und erinnere dich: Du hast die Macht, jeden Tag zu einem Meisterwerk zu machen. Geh hinaus und gestalte deine Zeit so, dass sie deinen wahren Wünschen und Ambitionen entspricht.

Praktisches Beispiel

Monikas Weg:
Vom Chaos zur Klarheit

Jeden Tag sieht sich Monika, 31 Jahre, mit der Herausforderung konfrontiert, ihre Rollen als Mutter von drei Kindern, Ehefrau und Softwareentwicklerin zu balancieren. Ihr Alltag gleicht einem ständigen Spagat zwischen den Bedürfnissen ihrer Familie, der Verwaltung des Haushalts und ihren anspruchsvollen Projekten im IT-Bereich. Doch entschlossen, eine Veränderung herbeizuführen, begibt sich Monika auf einen Weg, mehr Struktur in ihr Leben zu bringen. Hier ist ihre Geschichte, die dir zeigt, wie sie die Schritte der letzten Übung „Meisterin deiner Zeit" erfolgreich umsetzt:

Schritt 1: Zeitfresser erkennen

Monika beginnt damit, ein detailliertes Tagebuch zu führen. Sie stellt fest, dass ihre morgendliche Routine unnötig chaotisch ist und dass die Zeit nach der Arbeit oft in einem Durcheinander aus Haushaltsaufgaben versinkt, ohne echte Priorisierung. Ein weiterer Zeitfresser: das unkontrollierte Scrollen durch soziale Medien während ihrer Pausen.

Schritt 2: Bewusste Priorisierung

Nach einer Woche der Selbstbeobachtung nimmt Monika sich Zeit, um über ihre Aufzeichnungen nachzudenken. Sie erkennt, dass ihre Prioritäten bei ihrer Familie, ihrer beruflichen Entwicklung und ihrer persönlichen Zeit liegen. Unstrukturierte Online-Zeit und spontanes Haushaltsmanagement müssen reduziert werden.

Schritt 3: Planung der Woche

Entschlossen beginnt Monika mit der Planung ihrer Woche. Sie definiert feste Arbeitszeiten und reserviert spezielle Zeiten für Familienaktivitäten sowie für ihre persönlichen Interessen wie Lesen und Gartenarbeit. Zudem organisiert sie ihre Haushaltsroutinen effizienter, indem sie Aufgaben auf bestimmte Tage verteilt.

Schritt 4: Grenzen setzen

Das Nein-Sagen fällt Monika anfangs schwer, besonders bei zusätzlichen Arbeitsschichten oder sozialen Verpflichtungen, die eher belasten als Freude bringen. Doch sie lernt, ihre Grenzen zu ziehen und sich auf das zu konzentrieren, was für ihre Familie und sie selbst am wichtigsten ist.

Schritt 5: Reflektieren und Anpassen

Nach einer Woche mit ihrer neuen Routine nimmt Monika sich die Zeit, ihre Erfahrungen zu reflektieren. Die optimierten Haushaltsroutinen entlasten sie spürbar und die bewusste „Ich-Zeit" schenkt ihr mehr Energie. Sie passt ihre Planung weiter an, um noch effizienter zu werden, und erkennt dabei, dass Flexibilität genauso wichtig ist wie Struktur.

Monikas Geschichte ist ein inspirierendes Beispiel dafür, dass jeder, egal wie chaotisch das Leben erscheinen mag, den Weg von Überforderung zu Klarheit beschreiten kann. Mit Entschlossenheit, kluger Planung und der Bereitschaft zur Veränderung ist es möglich, ein Leben voller Bedeutung und Freude zu gestalten.

✦ Gold*nugget*

Das **Nein-Sagen** *als Akt der Befreiung*

Stell dir vor, dein Leben wäre ein überfüllter Kleiderschrank, randvoll mit Mode-Fehlkäufen, „Vielleicht-irgendwann"-Outfits und Stücken, die einfach nicht mehr zu dir passen. Das Nein-Sagen gleicht dem befreienden Ausmisten dieses Kleiderschranks, schafft Raum für das, was wirklich zählt und zu deinem wahren Stil passt.

Der Wert des Nein-Sagens

- Befreiung von belastenden Rollen: Manchmal tragen wir Rollen wie unbequeme Schuhe, die drücken und Blasen verursachen, weil wir meinen, sie führen uns zum Ziel. Das Nein-Sagen erlaubt uns, barfuß zu tanzen oder in Schuhen zu gehen, die perfekt passen und uns auf unserem Weg stärken.

- Ablehnung unpassender Rollen: Wie oft zwängen wir uns in Outfits, die die Gesellschaft uns vorschreibt? Das Nein-Sagen befreit uns, unseren eigenen Stil zu wählen – einen, der unsere Persönlichkeit unterstreicht und in dem wir uns selbstbewusst und authentisch fühlen.

- Umgestaltung unseres Wegs: Manchmal halten uns veraltete „Outfits" gefangen. Das Nein-Sagen ist der entschlossene Schritt, diese abzulegen und Kleidung anzuziehen, die unsere aktuellen Träume, Leidenschaften und unser wahres Selbst ausdrückt.

„Jedes Mal, wenn du Nein zu etwas sagst, das nicht zu dir passt, sagst du Ja zu dir selbst."

Die Macht des Ja-Sagens

- Umarmung unserer Träume: Ein „Ja“ zu unseren Träumen zu sagen, ist wie das Anlegen des Kleides unserer Träume – eines, das uns strahlen lässt. Es ist eine Einladung, mutig unsere eigenen Farben zu zeigen, unabhängig von den aktuellen Modetrends.

- Verfolgung unserer Leidenschaften: Ein „Ja“ zu unseren Leidenschaften zu sagen, bedeutet, unsere Garderobe mit Stücken zu füllen, die unsere Seele zum Singen bringen. Es geht darum, Kleidung zu tragen, die unser inneres Leuchten zum Ausdruck bringt.

- Ein Leben nach unseren Werten: Ja zu einem Leben zu sagen, das von unseren Werten geleitet wird, heißt, jeden Tag unser Lieblingsoutfit zu tragen. Es geht nicht darum, was „in“ ist, sondern was uns persönlich erfüllt und glücklich macht.

Jede Entscheidung, jedes „Nein“ und jedes „Ja“, ist wie ein Kleidungsstück, das du wählst, um deinen einzigartigen Stil zu präsentieren – einen Stil, der deine tiefsten Werte, Träume und Leidenschaften widerspiegelt.

Vergiss nicht, das Leben ist kein Laufsteg, auf dem du nach den Erwartungen anderer modeln musst. Es ist vielmehr deine persönliche Bühne, auf der du die Freiheit hast, die Outfits zu wählen, die deine wahre Essenz zum Ausdruck bringen. Jedes Nein macht Platz für ein Ja, das dich leuchten lässt, und jedes Ja zu dir selbst ist ein Schritt in Richtung eines Lebens, das voller Authentizität und Freude strahlt.

Sei mutig in deinen Entscheidungen. Trau dich, auszumisten, zu sortieren und neu zu kombinieren, bis du den perfekten Look – für dein perfektes Leben – gefunden hast, das nicht nur äußerlich glänzt, sondern auch innerlich Frieden und Zufriedenheit ausstrahlt.

Kleine Weisheiten - große Veränderungen

Tracy´s Aufruf zu einem klaren „Nein“

Lass mich dir ein kleines Geheimnis anvertrauen: Mein Leben war wie ein überquellender Kleiderschrank, regiert vom Wort „Ja“. Ich war eine echte Ja-Sagerin – als Mutter, im Beruf, in der Liebe und als Freundin. Klingt wild, nicht wahr? So war es auch, und das ganze 35 Jahre lang. Warum, fragst du? Vielleicht, weil die Harmonie einer Waage in mir wohnt oder ich es einfach jedem recht machen wollte. Oder vielleicht hatte ich einfach nicht den Mut, Nein zu sagen, aus Angst vor Ablehnung. Doch irgendwann nach vielen Jahren habe ich den Zauber des Nein-Sagens entdeckt und all die ungeliebten Stücke meines metaphorischen Kleiderschranks aussortiert. Es war eine Befreiung, endlich Nein zu sagen und mich für mich selbst zu entscheiden. Wer weiß, vielleicht sind sie ja für jemand anderen genau richtig?

Aber hier kommt das eigentliche Geheimnis: Es geht nicht darum, deinen Kleiderschrank mit vintage Schätzen zu füllen. Ich möchte dich dazu inspirieren, dein eigenes Ja-Universum auszumisten, um ein frisches, neues Leben zu beginnen. Bist du bereit? Stell dir vor, wie du jedes dieser Ja-Stücke aus deinem Schrank ziehst und durch kraftvolle Nein-Entscheidungen ersetzt, die nicht nur Raum schaffen, sondern auch deinen echten Stil widerspiegeln. Jedes Nein führt dich näher zu dir selbst, zu einem Leben, das von deinen Träumen und Wünschen geprägt ist, nicht von den Erwartungen anderer.

Also, meine Liebe, bist du bereit, diesen Schrank zu öffnen und das Abenteuer zu starten? Es ist an der Zeit, das Ja zu entthronen und das Nein zu deiner neuen Verbündeten zu machen. Wer weiß, welche wunderbaren Entdeckungen auf dich warten, wenn du beginnst, bewusst auszuwählen, was wirklich zu dir passt. Trau dich mutig zu sein und diesen Schritt zu wagen!

„Da wir unaufhörlich denken,
sollten wir uns entscheiden,
jene Gedanken zu nähren,
die Licht in unser Leben
bringen.“

Kapitel 08

Geheimnis Nummer 6

Die Macht der positiven Gedanken: *Mit Dankbarkeit und Optimismus durchs Leben gehen*

Bist du bereit für das sechste Geheimnis erfüllter Frauen? Es ist die Macht der positiven Gedanken – ein Universum voller Dankbarkeit und Optimismus. Stell dir vor, deine Gedanken könnten dein Leben wie die feinsten Fäden eines Seidenkleides weben.

Positive Gedanken sind nicht nur flüchtige Glücksmomente, sie sind kraftvolle Verbündete, die das Fundament deines Lebensgefühls, deiner Entscheidungen und letztlich deiner Realität gestalten. Komm, lass uns gemeinsam entdecken, wie du durch positive Gedanken deine Welt verändern kannst, von einem Leben, das vor Hürden zurückschreckt, zu einem, das Möglichkeiten begrüßt und Wege zum Wachstum eröffnet.

Wie positive Gedanken Gefühle formen und Handlungen inspirieren

Die Verbindung zwischen Gedanken, Gefühlen und Handlungen ist eng und wichtig für unser tägliches Leben. Unsere Gedanken beeinflussen unsere Gefühle, die wiederum unsere Handlungen prägen. Diese Wechselwirkung bestimmt, wie wir uns fühlen und wie wir nach außen hin wirken. Wenn wir den Tag mit dem Gedanken „Heute wird ein guter Tag" beginnen, löst das positive Gefühle aus, die uns motivieren, Entscheidungen zu treffen, die diesen Tag erfolgreich machen.

Diese Verknüpfung verdeutlicht, wie ein positiver Gedanke den Startschuss für eine Reihe von positiven Ereignissen geben kann. Wenn wir lernen, unsere Gedanken bewusst zu wählen und zu pflegen, eröffnen wir uns die Möglichkeit, unser Leben aktiv in eine Richtung zu steuern, die uns Erfüllung und Glück bringt.

In den nächsten Abschnitten dieses Kapitels werden wir untersuchen, wie wir die Kraft positiver Gedanken täglich einsetzen können. Wir werden Techniken wie Dankbarkeit, Optimismus, Affirmationen und Visualisierung betrachten, die unser inneres Wohlbefinden und unsere Interaktionen mit der Welt verbessern können. Diese Fähigkeiten können unser Leben bereichern, ähnlich wie passende Kleidung unser äußeres Erscheinungsbild aufwertet.

Die Faszination *der Positivitätswissenschaft*

Die Welt der Psychologie und der Neurowissenschaften[13] ist faszinierend und offenbart kontinuierlich, wie mächtig unsere Gedanken wirklich sind. Sie haben nicht nur die Kraft, unsere Stimmung und unser Verhalten tiefgreifend zu beeinflussen, sondern können sogar messbare Veränderungen in unserem Gehirn hervorrufen.

Die Magie des Glücks in unserer Chemie

Betrachte deinen Geist wie einen Ort, wo täglich kleine Wunder geschehen, ausgelöst durch deine Gedanken. Positive Gedanken können kraftvolle chemische Reaktionen in unserem Körper auslösen, die unsere Stimmung und unser Wohlbefinden erheblich verbessern. Diese Gedanken aktivieren Prozesse, die uns helfen, uns leichter und freudiger zu fühlen.

Durch das Kultivieren positiver Gedanken aktivieren wir die Produktion von Serotonin und Dopamin – den edlen Stoffen unseres Glücks. Diese Hormone sind die luxuriösen Accessoires unseres inneren Friedens, die raffinierten Details, die unsere Resilienz gegenüber den Herausforderungen des Lebens schmücken. Sie wirken wie natürliche Antidepressiva, die, fein und elegant, durch unser System fließen, um Stress und Sorgen zu mildern und uns mit einem Gefühl der Zufriedenheit und des Glücks zu kleiden.

Diese Neurotransmitter sind mehr als nur unsere inneren Stylisten. Sie beeinflussen, wie wir die Welt sehen und mit ihr interagieren, und ermutigen uns dazu, das Leben aus einer Perspektive zu betrachten, die von Stil und Optimismus geprägt ist. Sie sind wie unsere Lieblingsaccessoires, die uns daran erinnern, dass nach jeder Herausforderung wieder Raum für Schönheit und Freude ist.

Die Wissenschaft hinter dieser exquisiten Kollektion unseres Glücks unterstreicht, wie sehr unsere innere Welt unsere äußere Realität prägen kann. Indem wir uns bewusst für Gedanken entscheiden, die Freude, Dankbarkeit und Optimismus ausdrücken, können wir nicht nur unser inneres Wohlbefinden steigern, sondern auch eine positive Ausstrahlung in die Welt um uns herum tragen.

[13] **Neurowissenschaften** erforschen die Struktur und Funktion des Gehirns sowie des Nervensystems.

Der Placebo-Effekt: Wenn Glaube Berge versetzt

Der Placebo-Effekt ist ein faszinierendes Phänomen, das eindrucksvoll die unglaubliche Macht unseres Geistes über unseren Körper aufzeigt. Er beschreibt, wie die bloße Erwartung einer positiven Wirkung – selbst wenn nur ein ‚Scheinmedikament' ohne therapeutischen Wert eingenommen wird – zu einer spürbaren Verbesserung des Gesundheitszustandes führen kann. Dies verdeutlicht eindrücklich, wie entscheidend unsere Gedanken und Überzeugungen für unsere körperliche wie psychische Gesundheit sind.

Nehmen wir das Beispiel von Nora, einer berufstätigen Mutter, die sich jahrelang vornahm, regelmäßig zu joggen, um Stress zu reduzieren und ihre Fitness zu steigern. Trotz wiederholter Versuche gelang es ihr jedoch nie, daraus eine dauerhafte Routine zu entwickeln. Sie fühlte sich meist zu erschöpft und sah nicht die erhofften positiven Effekte ihrer Anstrengungen.

Doch dann entdeckt Nora auf Instagram eine Werbung für eine neue Art von Laufschuhen, die angeblich die Laufperformance verbessern und das allgemeine Wohlbefinden steigern sollen. Inspiriert von diesen Versprechen und der Hoffnung, dass diese Schuhe den Unterschied machen könnten, kauft sie sich ein Paar. Schon beim ersten Lauf mit den neuen Schuhen erlebt Nora eine deutliche Verbesserung: Sie läuft leichter, fühlt sich energiegeladener und beendet ihre Joggingrunden mit einem stärkeren Gefühl von Zufriedenheit und Stolz. Ihre Performance scheint über Nacht gestiegen zu sein, und endlich findet sie Freude am Laufen.

Was Nora jedoch nicht weiß, ist, dass die Schuhe selbst keine revolutionäre Technologie beinhalten, die sie von anderen hochwertigen Laufschuhen unterscheidet. Der signifikante Unterschied in ihrer Leistung und ihrem Wohlbefinden ist größtenteils dem Placebo-Effekt geschuldet – die positive Erwartung an die Schuhe hat ihre mentale und körperliche Einstellung zum Joggen transformiert.

Diese Geschichte illustriert die Macht unserer Überzeugungen bezüglich der Wirksamkeit einer Behandlung oder, in diesem Fall, eines Produkts. Noras Glaube an die neuen Laufschuhe veränderte ihre Haltung und körperliche Reaktion auf das Joggen, was zu verbesserter Leistung und gesteigertem Wohlbefinden führte. Es zeigt, dass die Kraft positiver Gedanken weit über die medizinische Anwendung hinausgeht und unser Leben in vielerlei Hinsicht bereichern kann, ähnlich wie ein sorgfältig gewähltes Accessoire unser Outfit vervollständigt und uns mit neuem Selbstvertrauen ausstattet.

Gedanken formen unsere Realität.

Die Art, wie wir denken, prägt unsere Wahrnehmung der Welt. Indem wir lernen, unsere Gedanken bewusst positiv zu gestalten, verbessern wir nicht nur unsere eigene Lebensqualität, sondern wirken auch inspirierend auf die Menschen um uns. Unsere Gedanken sind mächtige Werkzeuge, die uns befähigen, Herausforderungen zu meistern, Träume zu verfolgen und ein erfülltes Leben zu genießen. Der tiefgreifende Einfluss unserer Gedanken auf unser Erleben und unsere Biologie zeigt, dass dies erst der Anfang ist. Durch das bewusste Nutzen der Kraft positiver Gedanken öffnen wir die Tür zu einem Leben voller Glück, Optimismus und Selbstvertrauen. Lass uns gemeinsam entdecken, wie wir diese Einsichten in praktische Schritte umwandeln können, um jeden Tag ein Stück heller zu machen.

Dankbarkeit: *Der Grundstein für ein erfülltes Leben*

Dankbarkeit ist mehr als nur eine vergängliche Emotion; sie ist der Grundstein für ein erfülltes und positives Leben. In der Hektik und den oft unzufriedenen Momenten unseres Alltags ermöglicht sie es uns, innezuhalten und die Fülle zu erkennen, die unser Leben bereits bereichert. Dankbarkeit schärft unseren Blick für die Schönheiten des Alltags und lehrt uns, sowohl die kleinen Glücksmomente als auch die großen Errungenschaften wertzuschätzen.

Betrachten wir die Vorteile der Dankbarkeit genauer, denn eine bewusste Praxis der Dankbarkeit kann unser Leben auf vielfache Weise bereichern:

Vertiefte Lebenszufriedenheit: Indem wir erkennen, wofür wir dankbar sein können, verschiebt sich unsere Aufmerksamkeit von dem, was uns fehlt, hin zu dem, was wir besitzen. Dies fördert ein tieferes Gefühl der Zufriedenheit.

Gesteigertes psychisches Wohlbefinden: Dankbarkeit wirkt wie ein natürliches Gegengift gegen Stress, Angst und Depression und unterstützt eine grundsätzlich positive Lebenseinstellung.

Gefestigte Beziehungen: Sowohl das Ausdrücken als auch das Empfangen von Dankbarkeit kann Beziehungen stärken und ein Umfeld voller Anerkennung und Unterstützung fördern.

Erhöhtes körperliches Wohlbefinden: Menschen, die Dankbarkeit praktizieren, berichten häufig von besserer Gesundheit und einer höheren allgemeinen Lebensqualität.

Die Praxis der Dankbarkeit:
Ein Schatz im Alltagsgewand

Das Streben nach Mehr trübt oft unseren Blick für die Schätze, die wir bereits besitzen. Dankbarkeit erweist sich daher als wertvolle Quelle der Besinnung und des inneren Friedens. Das Pflegen von Dankbarkeit ist eine Kunst und eine Einladung, das Leben mehr zu schätzen. Es geht dabei um mehr als nur ein Gefühl – es ist eine tägliche Praxis, die sich in Dankbarkeitstagebüchern, stillen Momenten der Reflexion und dem bewussten Ausdruck unserer Wertschätzung manifestiert. Gerade für berufstätige Mütter, die täglich zwischen Familie, Karriere und persönlichen Bedürfnissen balancieren, kann Dankbarkeit ein Anker der Stärke und Gelassenheit sein. Lass uns die Praktiken erkunden, die es uns ermöglichen, die unzähligen Geschenke, die jeder Tag bereithält, voll und ganz zu würdigen.

Dankbarkeitstagebuch: Ein Spiegel deiner Seele

Das tägliche Notieren von Dingen, für die wir dankbar sind, ist ein zentrales Element im MOMS CLUB-Journal. Diese Praxis ist einfach, doch ihre Wirkung ist tiefgreifend. Dieses Ritual ermöglicht es uns, den Fokus auf das Positive in unserem Leben zu richten und die oft übersehenen kleinen Freuden zu würdigen. Ein Dankbarkeitstagebuch zu führen, fördert das tägliche Erleben von Freude und wird zu einem Begleiter in Sachen Positivität. Es erinnert uns daran, dass wahres Glück in den Details und Momenten des Alltags verborgen liegt.

Dankbarkeitsmomente: Die Stille umarmen

Sich Zeit für Stille zu nehmen, um über unsere Dankbarkeiten nachzudenken, fördert eine tiefere Verbindung mit uns selbst. Diese stillen Momente bieten eine Auszeit vom Trubel, eine Gelegenheit, durchzuatmen und die Fülle unseres Lebens zu spüren.

Ausdruck von Dankbarkeit: Teilen und Vermehren

Dankbarkeit wird umso mächtiger, wenn wir sie teilen. Unsere Dankbarkeit durch Worte und Taten auszudrücken – sei es durch ein Dankeschön an einen Kollegen oder eine liebevolle Notiz für den Partner – knüpft ein Netz der Positivität und schafft ein Muster gegenseitiger Wertschätzung und Unterstützung.

Dankbarkeit als Lebenshaltung

Dankbarkeit als Kern unseres Seins zu etablieren, lässt uns die Welt durch die Linse der Wertschätzung betrachten und verwandelt jeden Tag in ein Geschenk. Sie lehrt uns, über den Schein hinauszuschauen und die Essenz unseres Glücks zu entdecken, die tief in den alltäglichen Momenten verwurzelt ist.

So ist die Praxis der Dankbarkeit mehr als ein tägliches Ritual; sie ist eine Lebenseinstellung, die ein Fundament des Glücks, der Zufriedenheit und der tiefen Verbundenheit auch in stürmischen Zeiten bietet. Sie erinnert uns daran, dass wir stets Gründe finden können, dankbar zu sein und jeden Tag als das kostbare Geschenk zu schätzen, das er ist.

„Dankbarkeit ist das Gefühl, wenn sich das Herz erinnert."

Kleine Weisheiten - große Veränderungen

Tracy's Aufruf dankbar zu sein

Stellen wir uns vor, die Dankbarkeit wäre ein Accessoire in der unendlich vielfältigen Garderobe des Lebens – nicht irgendeines, sondern genau jenes, das selbst dem schlichtesten Outfit den letzten Schliff verleiht. Oft behandeln wir die Dankbarkeit wie jenen Schal, den wir im Sale ergattert haben und der nun verstaubt in einer Ecke liegt: ein tragisches Schicksal, ein modischer Fauxpas! Denn wie jede Fashionista weiß, sind es gerade die Accessoires, die den Unterschied ausmachen, das Outfit komplettieren und den Look von „nett" auf „wow" heben.

Erinnern wir uns an Coco Chanel, die Ikone, die nicht nur das kleine Schwarze erfand, sondern auch die modische Befreiungserklärung der Frau verfasste. Coco wusste, dass ihr revolutionäres, schlichtes Kleid ohne die opulenten Perlenketten und den stilvollen schwarzen Hut einfach nicht dasselbe wäre. Genau so verhält es sich mit der Dankbarkeit in unserem Leben: Sie mag auf den ersten Blick unscheinbar wirken, doch ohne sie fehlt unserem täglichen Sein die Eleganz, die Tiefe, das Strahlen.

Betrachte Dankbarkeit als das Accessoire, das nie aus der Mode kommt. Es passt zu jedem Anlass, schmeichelt jeder Figur und hebt die Stimmung schneller als ein Paar High Heels. Ein Leben ohne Dankbarkeit? Das wäre, als würde man freiwillig auf die Perlenketten verzichten, die das kleine Schwarze erst zum Leuchten bringen. Technisch mag es funktionieren, aber seien wir ehrlich – es sieht einfach nur halb so gut aus.

Dankbarkeit ist das Must-Have-Accessoire, das unseren Alltag von grau auf Glitzer umschalten kann. Es verlangt kein Vermögen, passt in jede Handtasche und steht jeder Frau wunderbar. Also, warum sollten wir es nicht jeden Tag tragen?

Schirm oder Sonnenbrille?

Die Kunst des realistischen Optimismus

Nun kommen wir zu einem meiner Lieblingssthemen: die Unterscheidung zwischen realistischem Optimismus und naivem Positivismus. Ich bitte schon im Voraus um Entschuldigung für den einen oder anderen ironischen Ansatz!

Stell dir vor, du veranstaltest die Gartenparty des Jahrhunderts. Alle sind da, inklusive zweier ganz besonderer Gäste: Herr Optimismus und Frau Positivismus. Die Sonne scheint, die Getränke sind kalt, und die Stimmung könnte nicht besser sein. Doch plötzlich ziehen dunkle Wolken auf.

Herr Optimismus, mit einem Lächeln im Gesicht und einem Schirm in der Hand, meint gelassen: „Ein bisschen Regen bringt uns nicht um. Lasst uns das Abenteuer genießen und den Tanz im Regen als Teil des Spaßes betrachten." Er betrachtet den Regen als eine erfrischende Abwechslung, erinnert alle daran, dass nach dem Regen die Blumen noch schöner blühen, und dass die besten Partygeschichten oft mit „Und dann fing es wie aus Kübeln an zu schütten..." beginnen.

Frau Positivismus hingegen, mit einem verzweifelten Lächeln, während ihre Schuhe im Matsch versinken, behauptet: „Regen? Welcher Regen?" Sie weigert sich, die offensichtlichen Tropfen zu akzeptieren, die ihr Make-up ruinieren, und spricht weiterhin von Sonnenschein, selbst als das Gartenmobiliar weggeschwemmt wird. Ihr naiver Positivismus verleitet sie dazu, die Realität zu leugnen, und leider findet sie sich bald unter dem einzigen Baum wieder – blitzgefährdet und immer noch überzeugt, dass es ein perfekter Tag ist.

Die Moral von der Geschichte? Realistischer Optimismus ist, wie das Mitbringen eines Schirms zu deiner Gartenparty, wissend, dass das Wetter umschlagen könnte, aber bereit, das Beste daraus zu machen. Es geht darum, vorbereitet zu sein, die Realität zu akzeptieren und trotzdem positiv zu bleiben. Naiver Positivismus hingegen ist, wie das Ignorieren der dunklen Wolken und das Hoffen, dass sie verschwinden, wenn man sie nur fest genug ignoriert. Am Ende des Tages ist es Herr Optimismus, der nass, aber glücklich das Abenteuer genießt, während Frau Positivismus sich wundert, warum sie die einzige ist, die vom Blitz getroffen wurde.

Optimismus als Superkraft:
Dein Wegweiser zu einer sonnigeren Perspektive

Lass uns die Welt durch eine optimistische Brille betrachten. Es geht nicht darum, die Realität zu ignorieren. Vielmehr geht es darum, sie in einem Licht zu sehen, das nicht nur unsere Stimmung hebt, sondern auch unsere Resilienz stärkt. Hier sind ein paar Strategien, die ich selbst erprobt habe, um deinem inneren Optimisten mehr Raum zu geben:

Das Zukunfts-Tagebuch: Ein Date mit der Vorfreude

Stell dir vor, du hast ein magisches Buch, das die Macht besitzt, deine Vorfreude auf den nächsten Tag zu verstärken. Jeden Abend, bevor du dich in die Federn kuschelst, öffnest du dieses Buch und schreibst drei Dinge auf, auf die du dich morgen freust. Das kann alles sein: von dem ersten Schluck deines perfekt gebrühten Morgenkaffees über ein geplantes Telefonat mit einem alten Freund bis hin zur Aussicht, endlich die neue Staffel deiner Lieblingsserie zu beginnen. Diese einfache Übung verwandelt deine Erwartungen in kleine Glücksmomente und malt ein Lächeln auf dein Gesicht, bevor du überhaupt eingeschlafen bist.

Die Kunst der Umdeutung: Vom Zitronenschicksal zum Kuchenglück

Das Leben ist ein Meister darin, uns Zitronen zuzuwerfen. Aber was, wenn ich dir sage, dass du nicht nur Limonade daraus machen kannst, sondern sogar einen ganzen Zitronenkuchen? Die Umdeutung ist eine mächtige Strategie, um Enttäuschungen und Misserfolge in Chancen umzuwandeln. Stell dir vor, jede Herausforderung ist ein Geheimrezept für Wachstum und Lernen. Anstatt dich über die sauren Zitronen zu ärgern, frage dich:

- „Welche Fähigkeiten kann ich durch diese Herausforderung entwickeln?“
- „Gibt es eine Perspektive, die ich bisher übersehen habe?“
- „Wie würde jemand, den ich bewundere, diese Situation angehen?“

Indem du dich diesen Fragen stellst, öffnest du einen Raum für positive Umdeutung und Wachstum. Plötzlich wirst du feststellen, dass du nicht nur einen Kuchen in der Hand hältst, sondern auch ein reiches und erfülltes Leben führst. Klingt doch herrlich, oder? Ich meine, wer liebt keinen Kuchen!

Rückschlags-Ritual: Finde den Silberstreifen am Horizont

Jeder Rückschlag ist wie ein dunkles Gewitter auf deiner persönlichen Lebensparade. Doch selbst das stärkste Gewitter bringt einen Silberstreifen mit sich. Erlaube dir, für jeden Rückschlag, den das Leben dir serviert, einen Moment der Traurigkeit oder Frustration – es ist okay, nicht immer okay zu sein. Aber dann mach dich auf die Suche nach diesem Silberstreifen. Vielleicht ist es eine Lektion, die du gelernt hast, eine Stärke, die du entdeckt hast, oder einfach die Erkenntnis, dass du resilienter bist, als du dachtest. Indem du aktiv nach dem Positiven in jeder negativen Situation suchst, verleihst du deinem Optimismus Flügel und lernst, über die Wolken zu fliegen.

Diese Strategien sind deine Werkzeuge, um aus schwierigen Situationen das Beste zu machen. Es mag Tage geben, an denen die Zitronen überhandnehmen, aber denk daran: Du hast das Rezept, du hast den Ofen, und du hast die Macht, ein Meisterwerk zu backen. (Und vergiss nicht, mir ein Stück davon vorbeizubringen.)

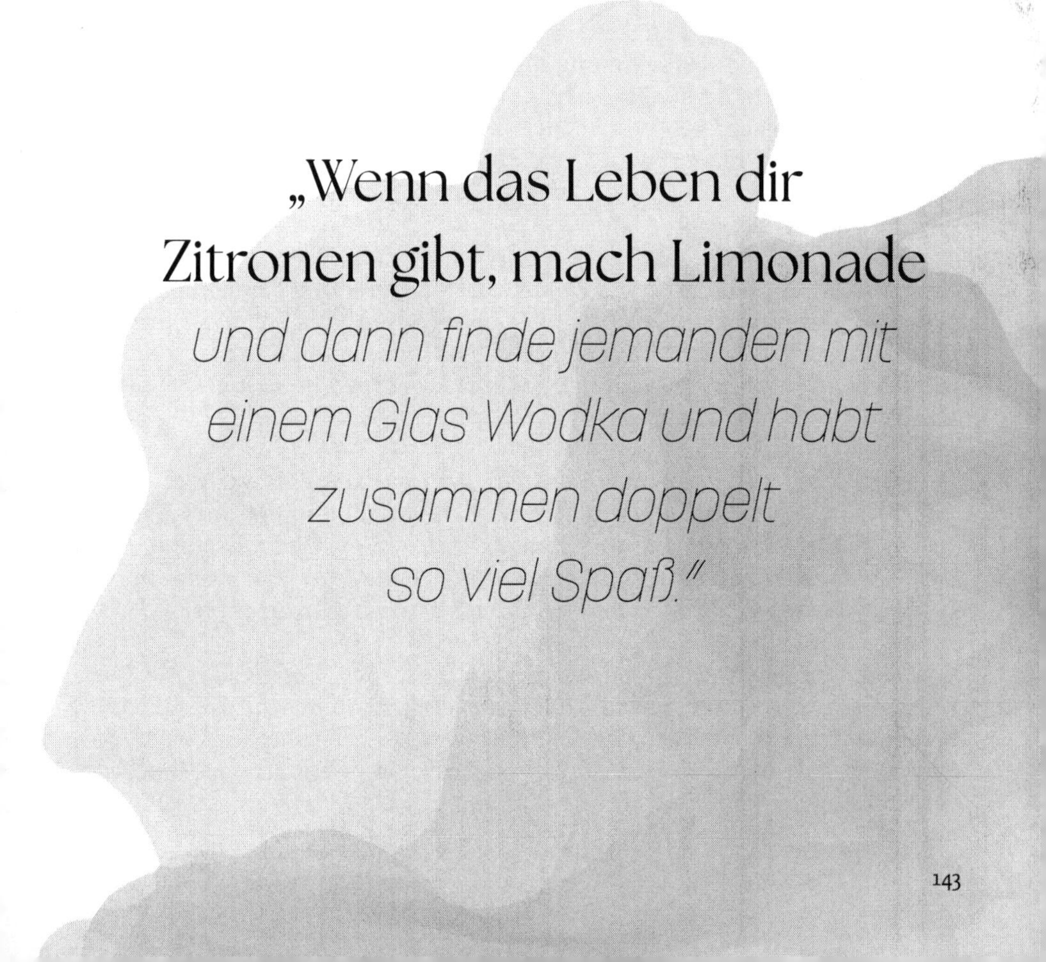

„Wenn das Leben dir Zitronen gibt, mach Limonade

und dann finde jemanden mit einem Glas Wodka und habt zusammen doppelt so viel Spaß."

Praktisches Beispiel

Frederikes Wandel: *Eine Reise zu gelebtem Optimismus*

Frederike, bekannt für ihre ansteckende Fröhlichkeit und ihren herrlichen Apfelkuchen, lebte nach dem Credo des Positivismus. Ihr Haus, ein Farbtupfer in der grauen Landschaft des kleinen Dorfes, war ein Sammelpunkt für alle, die nach einem Lichtblick in ihrem Alltag suchten. Doch hinter ihrem stets strahlenden Lächeln verbarg Frederike eine tiefe Sehnsucht nach Veränderung, nach einem Leben, das über das Backen und das Besänftigen der kleinen Dorfstreitigkeiten hinausging.

Herribert, der neue Nachbar, war das genaue Gegenteil von Frederike. Ein Mann, der die Welt gesehen hatte und durch die Tiefen der menschlichen Seele gereist war, dabei eine gewisse Härte entwickelt hatte. Er sah den Positivismus als Flucht vor der Realität, als einen naiven Versuch, die Unordnung des Lebens zu glätten.

An einem regnerischen Herbstabend, als der Wind die letzten Blätter von den Bäumen riss, fanden Frederike und Herribert sich in einer unerwarteten Diskussion wieder. Frederike verteidigte ihren Positivismus mit der Leidenschaft einer Frau, die glaubt, dass ein Lächeln und ein Stück Kuchen die Welt retten können. Herribert hingegen plädierte für einen realistischen Blick auf das Leben, für die Anerkennung, dass nicht alle Stürme mit einem Lächeln besänftigt werden können.

In den Wochen, die folgten, führte das Leben beide durch eine Reihe von Ereignissen, die Frederikes Positivismus auf die Probe stellten: Der Dorfladen, in dem sie ihre berühmten Apfelkuchen verkaufte, brannte nieder, und eine Krankheit zwang sie, ihre ständige Fröhlichkeit gegen die harte Realität des Krankenbetts einzutauschen.

In diesen dunklen Zeiten war es Herribert, der ihr zeigte, dass wahrer Optimismus nicht darin besteht, die Dunkelheit zu ignorieren, sondern das Licht zu finden, selbst wenn es noch so schwach scheint. Gemeinsam bauten sie den Dorfladen wieder auf, und Frederike fand in der Kunst des Backens eine neue Form der Therapie, die ihr half, ihre innere Stärke wiederzufinden.

Das Leben lehrte sie, dass Optimismus und Realismus keine Gegensätze sein müssen, sondern sich ergänzen können. Frederike lernte, dass ihre Fröhlichkeit nicht naiv war, sondern eine Form der Resilienz, und Herribert entdeckte, dass das Leben, auch wenn es nicht immer so süß wie Apfelkuchen ist, stets Raum für Hoffnung bietet.

Als Frederike schließlich wieder hinter dem Tresen ihres neu eröffneten Ladens stand, mit einem Lächeln, das tiefer und echter war als je zuvor, wusste sie, dass der gemeinsam gefundene Optimismus robust genug war, um den Stürmen des Lebens standzuhalten. Es war ein Optimismus, der nicht leugnete, dass es regnet, sondern einer, der lehrte, im Regen zu tanzen.

Ihre Geschichte wurde zu einer Legende im Dorf, ein Symbol dafür, wie die Kombination aus Optimismus und Realismus Menschen durch die dunkelsten Zeiten führen kann. Und während ihre Apfelkuchen weiterhin Herzen erwärmten, war es ihre neu gefundene Lebensphilosophie, die den Menschen Hoffnung gab.

Die Stimme übertönen:
Wie man den inneren Kritiker zum Schweigen bringt

Wie schön die Geschichte von Frederike und Heribert ist, nicht wahr? Ich komme ganz ins Schwärmen. Und dann lasse ich die nächste Überschrift folgen – was soll das jetzt? Glaub mir, es ist zu deinem Vorteil. Tauchen wir gemeinsam in die verborgenen Tiefen deiner Gedanken ein, um einen verborgenen, doch ständigen Begleiter ins Licht zu rücken: deinen inneren Kritiker. Dieser Teil von dir überschüttet dich mit Zweifeln, stellt deine Träume in Frage und hält dich manchmal in den dunkelsten Stunden deiner Seele gefangen. Doch wie erkennen wir diesen heimlichen Saboteur, und was noch wichtiger ist, wie bringen wir ihn zum Schweigen?

Stellen wir uns unseren inneren Kritiker als eine ständig nörgelnde Stimme vor, die jedes Mal, wenn wir vorhaben, aus unserer Komfortzone herauszutreten, einen Kommentar abgibt. „Das kannst du nicht", „Du bist nicht gut genug" oder „Wer glaubst du, wer du bist?" sind nur einige der klassischen Hits, die in der Endlosschleife unseres Geistes spielen. Um diesen Kritiker zu identifizieren, ist der erste Schritt, sich unserer Gedanken bewusst zu werden. Nimm dir Zeit, um deine Gedanken zu beobachten. Schreibe auf, was dein innerer Kritiker sagt, und du wirst sofort erkennen, dass diese Stimme nicht deine eigene ist, sondern eine Ansammlung alter Glaubenssätze und Ängste.

Unser innerer Kritiker ist kein Monster, das eines Tages beschlossen hat, uns das Leben schwer zu machen. Er ist das Produkt unserer Erziehung, unserer Erfahrungen und der Kultur, in der wir aufgewachsen sind. Oft spiegelt er die Stimmen von Autoritätspersonen wider, die uns geprägt haben. Es ist hilfreich zu erkennen, dass unser innerer Kritiker ursprünglich entstand, um uns vor Schmerz und Ablehnung zu schützen. Wenn wir diese kritischen Stimmen als ehemalige Schutzmechanismen verstehen, können wir ihnen mit mehr Mitgefühl und Bereitschaft zur Transformation begegnen.

Jetzt, wo wir unseren inneren Kritiker identifiziert und seine Ursprünge verstanden haben, ist es an der Zeit, ihn zum Schweigen zu bringen. Eine effektive Methode ist die Unterbrechung und Umleitung von negativen Selbstgesprächen. Jedes Mal, wenn du die kritische Stimme hörst, halte inne und frage dich: „Ist das wirklich wahr?“ Ersetze dann bewusst den negativen Gedanken durch eine positive Affirmation. Zum Beispiel, verwandle „Ich bin nicht gut genug“ in „Ich bin wertvoll und habe einzigartige Talente.“ Visualisierungen können ebenfalls kraftvoll sein. Stelle dir vor, wie du erfolgreich deine Ziele erreichst und der innere Kritiker verstummt.

Der Weg, den inneren Kritiker zum Schweigen zu bringen, ist nicht über Nacht zu bewältigen. Es ist eine Reise, die Geduld, Übung und eine gehörige Portion Selbstliebe erfordert. Doch jeder Schritt auf diesem Weg entfernt uns weiter von der Selbstkritik und führt uns näher zu einem Leben, in dem wir uns selbst mit Freundlichkeit, Mut und Optimismus begegnen. Denke daran, dass du die Designerin deines Lebens bist und der innere Kritiker lediglich ein schlecht informierter Berater ist, dessen Anmerkungen du nicht in dein Lebensskript aufnehmen musst.

Kleine Weisheiten - große Veränderungen

Tracy's Aufruf Herrn Besserwisser in die Schranken zu weisen

Ah, der innere Kritiker – dieses kleine, nörgelnde Etwas, das sich in unserem Kopf breitmacht und uns einredet, wir seien die ungekrönten Königinnen des Scheiterns. Stellen wir uns vor, dieses Ding hätte eine Gestalt. Bei mir? Ein kleiner, miesepetriger Kobold mit einer Vorliebe für zweifelhafte Modetrends und einem Hang zu dramatischen Auftritten. Nennen wir ihn einfach Herr Besserwisser.

Herr Besserwisser ist wie der ungebetene Gast auf jeder Party, der dir ins Ohr flüstert, dass dein Outfit aussieht, als hättest du dich im Dunkeln angezogen – und das, während du gerade versuchst, deinen neuen, schillernden Jumpsuit zu rocken. Er ist der Typ, der neben dir steht, während du eine Präsentation hältst, und kommentiert: „Oh, wirklich? DAS willst du ihnen erzählen?"

Aber hier ist der Clou: Genau wie bei jedem ungeliebten Gast, der zu lange bleibt, haben wir die Macht, Herrn Besserwisser die Tür zu zeigen. Der erste Schritt? Erkenne, dass der Kerl da drin nicht du bist. Er ist eine Mischung aus alten Schultyrannen, überkritischen Tanten und jeder einzelnen Person, die je gesagt hat, „Das kann doch nichts werden."

Herr Besserwisser ist nicht böse. Er ist ein Produkt deiner Vergangenheit, ein Sammelsurium von Stimmen, die meinten, dich „schützen" zu müssen, indem sie dir Grenzen setzten. Er ist wie ein schlecht programmiertes Navi, das dich immer wieder in die gleiche Sackgasse führt.

Also, das nächste Mal, wenn Herr Besserwisser anfängt, sein Lied des Zweifels zu singen, nimm dir einen Moment. Beobachte ihn, wie er auf seinem kleinen Stuhl sitzt, schlecht gekleidet und vielleicht sogar mit einem imaginären Tee in der Hand, und erkenne: „Ach, da bist du ja wieder. Hat dich eigentlich jemand eingeladen?" Dann zeig ihm liebevoll die Tür. Erinnere dich daran, dass du der DJ auf deiner Party bist und es an der Zeit ist, die Playlist zu wechseln.

Mit ein bisschen Übung kannst du Herrn Besserwisser in einen weniger aufdringlichen Gast verwandeln, der hin und wieder mal vorbeischaut, aber weiß, wann es Zeit ist zu gehen. Und wer weiß, vielleicht tanzt er eines Tages sogar zu deinem Beat.

Meisterwerkzeuge des Geistes: *Visualisierung und Affirmationen*

Im Finale dieses Kapitels widmen wir uns der Kraft der Visualisierung und der Bedeutung von Affirmationen. Diese Methoden sind wie spezialisierte Werkzeuge in der Modewelt, maßgeschneidert, um deine Gedankenwelt nicht nur zu formen, sondern auch zu veredeln. Sie heben sich von alltäglichen Routinen ab, indem sie gezielt darauf ausgerichtet sind, deine Wahrnehmung und damit deine Realität tiefgreifend zu verändern.

Wie präzise Schneiderwerkzeuge, die in jedem Atelier eines Profi-Designers zu finden sind, ermöglichen dir Visualisierung und Affirmationen, aktiv die Kontrolle über deine Gedanken und Emotionen zu übernehmen. Sie sind essentielle Elemente in deiner psychologischen „Schneiderkiste", die es dir erlauben, bewusst und zielgerichtet an deiner eigenen Lebensgestaltung zu arbeiten. Mit der Visualisierung entwirfst du gedanklich, was du erreichen möchtest, während Affirmationen dabei helfen, diese Visionen durch wiederholte positive Bestärkungen zu festigen und zu verwirklichen.

Visualisierung: Mach deine Träume zur Wirklichkeit

Visualisierung ermöglicht es dir, Momente der Ruhe und Klarheit zu schaffen, in denen du dir deine Wünsche, Ziele und Träume vorstellst – als wären sie bereits Realität. Indem du dir regelmäßig positive Bilder von deinem idealen Alltag, deinen Beziehungen, deiner Karriere oder anderen persönlichen Zielen visualisierst, beeinflusst du nicht nur deine emotionale und mentale Verfassung positiv, sondern knüpfst auch eine stärkere Verbindung zu deinen tiefsten Sehnsüchten und Visionen. Diese klare Ausrichtung gibt dir die Kraft und Motivation, die notwendigen Schritte zur Erreichung dieser Ziele zu unternehmen und Herausforderungen mit Zuversicht und Selbstvertrauen zu begegnen.

Eine konkrete Visualisierung könnte beispielsweise bedeuten, dass du dir vorstellst, wie du Arbeit und Familienleben erfolgreich in Einklang bringst, dir Zeiten der Erholung und des persönlichen Wachstums schaffst oder dich bei der Erfüllung eines lang ersehnten Traums siehst. Die Vorstellung, wie du deine Kinder in Harmonie und Freude erziehst oder wie du am Ende eines produktiven Arbeitstages ein Gefühl der Zufriedenheit und des Stolzes empfindest, kann dein Selbstvertrauen stärken und dir helfen, im Alltag resilienter zu sein.

Durch regelmäßige Visualisierung entwickelst du nicht nur eine positive und zielorientierte Haltung, sondern ermutigst dich selbst, aktiv Schritte in Richtung deiner Träume und Ziele zu unternehmen. Visualisierung ist wie ein Leuchtfeuer in der Hektik des Alltags, das dir hilft, den Fokus zu behalten und dich an die Kraft deiner eigenen Träume und Fähigkeiten zu erinnern.

Affirmationen: Die Kraft positiver Rhythmen

Affirmationen sind wie die Melodie unserer Lieblingssongs: Die positiven Botschaften der Klänge und Worte können eine Quelle der Stärke und Inspiration sein. Indem du Affirmationen bewusst in deinen Alltag einbindest, komponierst du dein eigenes Lied, das Selbstzweifel übertönt und dir dabei hilft, dich auf deine Fähigkeiten und Ziele zu konzentrieren.

Stell dir vor, wie du jeden Morgen mit einer kraftvollen Zeile startest: „Ich bin eine starke und liebevolle Mutter“, „Ich finde das perfekte Gleichgewicht zwischen Familie und Arbeit“ oder „Ich feiere die kleinen Siege, jeden Tag“. Diese Sätze sind nicht nur einfache Worte, sondern kraftvolle Affirmationen, die wie ein Echo in deinem Bewusstsein widerhallen und dir helfen, deinen Tag mit Positivität und Zielstrebigkeit zu gestalten.

Die Praxis der Affirmationen ist eine bewährte Methode, um sich der eigenen Fähigkeiten zu versichern und den vielfältigen Anforderungen des Lebens gerecht zu werden. Sie dient dazu, in stressigen Phasen Ruhe und Gelassenheit zu bewahren und sich zu vergegenwärtigen, dass jeder Schritt in Richtung deiner persönlichen Ziele wertvoll ist. Affirmationen erinnern dich daran, nicht nur für deine Familie, sondern auch für dich selbst zu sorgen. Sie fördern ein tiefes Gefühl der Selbstliebe und Akzeptanz.

Durch die tägliche Wiederholung deiner Affirmationen schaffst du eine positive Schwingung in deinem Leben, die dich ermutigt, aktiv an der Verwirklichung deiner Träume und Ziele zu arbeiten. Sie dienen als Erinnerung daran, dass du die Fähigkeit besitzt, die Herausforderungen des Alltags zu meistern und eine Atmosphäre der Liebe, des Friedens und der Freude für dich und deine Familie zu schaffen.

Lass Affirmationen zu deiner täglichen Routine werden, zu einem festen Bestandteil deines morgendlichen Aufwachens und/oder deines Abendrituals. Sie sind wie das Geheimfach in deiner Lieblingstasche, das nur du kennst. Mit Affirmationen gestaltest du nicht nur deinen Alltag neu, sondern webst auch aktiv am Stoff deiner Träume.

Visualisierung und Affirmationen können wunderbar zusammenwirken, um deine Ziele und Träume zu unterstützen. Während die Visualisierung dir hilft, ein klares Bild deiner Wünsche und Ziele zu formen, stärken Affirmationen dein Selbstvertrauen und deine Entschlossenheit, diese Wünsche in die Realität umzusetzen. Indem Visualisierung und Affirmationen Hand in Hand gehen, entsteht eine kraftvolle Synergie, die nicht nur die Motivation steigert, sondern auch den Glauben an deine eigenen Fähigkeiten festigt. Visualisierung zeichnet das Bild deiner Träume, während Affirmationen dieses Bild mit Farben, Leben und Energie füllen. Zusammen bilden sie eine starke Grundlage, auf der du deine Ziele erreichen und deine Träume verwirklichen kannst.

Praktische Übung

Dein 5-Schritte-Plan zu Positivität

Es ist Zeit, dein MOMS CLUB-Journal aufzuschlagen – oder hole Blätter und Stifte! Lass uns von der Theorie zur Praxis wechseln und in eine Welt eintauchen, in der Optimismus, Positivismus und Dankbarkeit nicht nur Worte, sondern gelebte Realität sind.

Schritt 1: Entdecke deine positiven Kräfte

Beginne mit einer Reflexion über die vergangene Woche. Notiere drei Momente, in denen du dich besonders positiv gefühlt hast – sei es ein Erfolgserlebnis, ein Moment der Dankbarkeit oder eine Situation, in der dein Optimismus dir geholfen hat, eine Herausforderung zu meistern. Das Ziel ist, dir deiner eigenen positiven Kräfte bewusst zu werden.

Schritt 2: Gestalte deine Vision

Nutze die Kraft der Visualisierung, um dir ein lebhaftes Bild von einem Tag in deinem Leben zu machen, der von Dankbarkeit, Optimismus und Erfolg geprägt ist. Sieh dich selbst, wie du mit Leichtigkeit und Freude deine Aufgaben meisterst, von liebevollen Beziehungen umgeben bist und deine Träume verfolgst.

Schritt 3: Verfasse deine persönlichen Affirmationen

Reflektiere über Bereiche in deinem Leben, in denen du mehr Positivität erleben möchtest. Schreibe für jeden dieser Bereiche eine kraftvolle, positive Affirmation auf. Zum Beispiel:

Familienleben
- „Ich kreiere jeden Tag ein liebevolles und gemütliches Zuhause für meine Familie."
- „Meine Geduld und Fürsorge stärken die Bindung zu meinen Kindern jeden Tag."

Berufliche Entwicklung

- „Ich bin kompetent und verdiene Anerkennung und Erfolg in meiner Karriere."
- „Mit jedem Projekt wachse ich und überwinde meine Grenzen mit Zuversicht."

Persönliches Wachstum

- „Ich nehme mir Zeit für meine persönliche Entwicklung und erblühe in meinem eigenen Tempo."
- „Jeder Schritt, den ich mache, führt mich näher zu meinem wahren Selbst und meinen Träumen."

Gesundheit und Wohlbefinden

- „Ich nähre meinen Körper und Geist mit Liebe und sorge gut für mich."
- „Jede Entscheidung, die ich treffe, fördert meine körperliche und seelische Gesundheit."

Finanzen

- „Ich handle weise und achtsam mit meinen Finanzen und baue eine sichere Zukunft für meine Familie auf."
- „Ich ziehe Fülle und finanzielle Sicherheit in mein Leben."

Beziehungen und Soziales Netzwerk

- „Ich bin umgeben von Liebe und Unterstützung, die mich in allem, was ich tue, stärken."
- „Ich bringe Positivität in meine Beziehungen und ziehe gleichgesinnte Seelen an."

Selbstliebe und Selbstakzeptanz

- „Ich bin genug, genau so, wie ich bin, und ich feiere meine Einzigartigkeit jeden Tag."
- „Ich behandle mich mit Freundlichkeit und Mitgefühl und erkenne meinen Wert."

Schritt 4: Stärke dich gegen den inneren Kritiker

Identifiziere eine Situation, in der dein innerer Kritiker besonders laut wird. Schreibe einen liebevollen Gegenkommentar zu jeder negativen Aussage, die dieser Kritiker macht. Ersetze kritische Gedanken durch deine persönlichen Affirmationen und positive Visualisierungen.

Beispiel: Nach einem langen und anstrengenden Tag fühlst du dich erschöpft und zweifelst an deiner Fähigkeit, eine gute Mutter zu sein. Dein innerer Kritiker sagt: „Du hast heute wieder einmal nicht genug für deine Kinder getan."

Liebevoller Gegenkommentar: „Ich gebe jeden Tag mein Bestes für meine Kinder. Liebe und Fürsorge sind wichtiger als jede perfekte Aktivität."

Positive Visualisierung: Stelle dir vor, wie du und deine Kinder zusammen kuschelt, lacht und gemeinsam glückliche Momente erlebt, auch wenn der Tag chaotisch war. Visualisiere, wie du ihnen beim Einschlafen eine Gute-Nacht-Geschichte vorliest, und fühle die tiefe Verbindung und Liebe, die zwischen euch besteht.

Affirmation: „Ich bin eine liebevolle und aufmerksame Mutter. Meine Kinder fühlen sich bei mir geborgen und geliebt."

Schritt 5: Teile deine Positivität

Wähle eine Affirmation oder ein positives Bild, das dir besonders am Herzen liegt, und finde eine kreative Möglichkeit, diese Positivität mit jemandem in deinem Umfeld zu teilen – sei es durch ein Kompliment, ein kleines Geschenk oder einfach durch deine Anwesenheit und Unterstützung.

Beispiel: Nachdem du morgens eine Affirmation wie „Heute wähle ich Freude und Leichtigkeit" für dich selbst wiederholt hast, teilst du diese positive Einstellung, indem du deinen Kindern beim Frühstück ein Kompliment machst oder sie mit einem Lächeln und einer Umarmung in den Tag schickst.

Herzlichen Glückwunsch! Indem du diese Schritte umsetzt, gibst du deinem Leben nicht nur einen frischen Anstrich an Positivität, sondern inspirierst auch die Welt um dich herum. Jeder Tag bietet dir die Chance, dein persönliches Lookbook des Lebens mit Optimismus und Zuversicht zu füllen.

„Kleide deine Tage in
Hoffnung,
schmücke sie mit
Zuversicht und
trage die Kollektion
deiner Träume.“

Kapitel 09

Geheimnis Nummer 7

Finanzen mit Stil: *Dein Weg zur finanziellen Freiheit*

Finanzielle Freiheit ist mehr als nur ein Konzept; sie ist wie die Vintage-Designertasche in deinem Lebenskleiderschrank – zeitlos, wertvoll und unglaublich ermächtigend. Stelle dir finanzielle Sicherheit nicht als den nüchternen Klang von Bankauszügen und Budgettabellen vor, sondern als das unsichtbare Sicherheitsnetz, das dich auffängt, und als das solide Fundament, von dem aus du zu den Höhen deiner Träume aufsteigen kannst.

Diese Sicherheit ist die Freiheit, Entscheidungen zu treffen, die von tiefsten Wünschen geleitet werden, nicht von finanziellen Grenzen. Es ist die Möglichkeit, in dich selbst zu investieren – in Bildung, Gesundheit, Träume – um das Leben voll auszukosten, ohne von der Angst vor dem nächsten Monatsübergang gelähmt zu sein.

Die Reise zur finanziellen Sicherheit und Freiheit beginnt mit Bewusstsein. Ein bewusster Umgang mit Finanzen, gepaart mit klugem Sparen und Investieren, ist wie das Erlernen der Grundlagen des Modedesigns – es befähigt dich, nicht nur Budgets zu meistern, sondern auch als Gestalterin deiner finanziellen Zukunft aufzutreten.

„Geld allein macht nicht glücklich. Es gehören auch noch Aktien, Gold und Grundstücke dazu."

Danny Kaye

Finanzielles Wissen ist eine Investition in die Zukunft, genauso wichtig wie jede andere Form des persönlichen Wachstums. Es geht darum, finanzielle Ziele nicht nur zu setzen, sondern sie mit Optimismus und Stil zu verfolgen. Indem du finanzielle Freiheit anstrebst, gestaltest du dein Leben mit der gleichen Sorgfalt und Liebe zum Detail, die du auch bei anderen wichtigen Entscheidungen anwendest.

Dieses Kapitel öffnet dir die Augen für eine neue Sichtweise auf finanzielle Sicherheit – nicht als Last, sondern als Schlüssel zu einem Leben voller Möglichkeiten, Freiheit und Stil. Denn wahrer Luxus liegt nicht in der Summe auf dem Bankkonto, sondern in der Freiheit und Selbstbestimmung, die finanzielle Sicherheit mit sich bringt. Bist du bereit für dein finanzielles Makeover? Dein Leben verdient Haute Couture - so oder so!

Finanzielle Freiheit: *Der Schlüssel zu weniger Stress und mehr Wohlbefinden*

Finanzielle Freiheit ist mehr als nur ein finanzieller Zustand; es ist eine Lebensweise, die Stress reduziert, Sicherheit bietet und sowohl das psychische als auch das physische Wohlbefinden verbessert. Wissenschaftliche Studien belegen, dass finanzielle Sorgen zu den Hauptursachen für Stress und Angstzustände gehören. Diese psychische Belastung kann sich negativ auf unsere Gesundheit, Beziehungen und Lebensqualität auswirken. Finanzielle Freiheit hingegen ermöglicht es uns, diese Sorgen zu minimieren und ein reicheres, erfüllteres Leben zu führen.

Finanzielle Freiheit bedeutet, dass du nicht von Lohnzettel zu Lohnzettel lebst, sondern über genügend finanzielle Mittel verfügst, um deine Lebenshaltungskosten ohne regelmäßiges Einkommen zu decken. Dies reduziert den Stress erheblich, da die Sorge, Rechnungen nicht bezahlen zu können oder in finanzielle Notlagen zu geraten, wegfällt. Forschungen zeigen, dass Menschen mit einem stabilen finanziellen Polster weniger Stress und Angstzustände erleben, da der finanzielle Druck minimiert wird.

Die Sicherheit, die finanzielle Freiheit mit sich bringt, geht weit über die finanzielle Dimension hinaus. Sie bietet auch emotionale Sicherheit, da du weißt, dass du in der Lage bist, unvorhergesehene Ausgaben oder Lebensereignisse zu bewältigen. Diese Sicherheit fördert das allgemeine Wohlbefinden und stärkt das Selbstvertrauen. Laut einer Studie des American Psychological Association Report on Stress in America™, fühlen sich Personen mit einer soliden finanziellen Planung und Sicherheit insgesamt gesünder und zufriedener mit ihrem Leben.

Die positiven Auswirkungen finanzieller Freiheit auf das psychische Wohlbefinden haben auch positive Effekte auf die physische Gesundheit. Stress ist bekanntlich ein Risikofaktor für zahlreiche Gesundheitsprobleme, von Herzerkrankungen bis hin zu Immunstörungen. Die Verringerung finanzieller Sorgen kann daher helfen, das Risiko für stressbedingte Gesundheitsprobleme zu senken. Darüber hinaus ermöglicht finanzielle Freiheit Investitionen in die Gesundheit, sei es durch eine bessere Ernährung, regelmäßige medizinische Untersuchungen oder Aktivitäten, die das Wohlbefinden steigern.

Finanzielle Freiheit beginnt mit Bildung und Bewusstsein. Das Erlernen von Finanzmanagement, einschließlich Budgetierung, Sparen und Investieren, ist der erste Schritt. Das Setzen klarer finanzieller Ziele und das konsequente Verfolgen dieser Ziele durch intelligente, finanzielle Entscheidungen sind wesentlich. Die Erstellung eines Notfallfonds, das Investieren in einkommensgenerierende Vermögenswerte sowie das kontinuierliche Bestreben, Einkommen zu steigern und Ausgaben zu minimieren, sind praktische Schritte auf dem Weg zur finanziellen Freiheit.

Zusammenfassend lässt sich sagen, dass finanzielle Freiheit nicht nur ein wünschenswerter finanzieller Zustand ist, sondern ein umfassendes Konzept, das Stress reduziert, Sicherheit bietet und das Wohlbefinden auf allen Ebenen verbessert. Es ist ein erreichbares Ziel, das mit dem richtigen Wissen, den richtigen Werkzeugen und einer engagierten Haltung realisiert werden kann.

5 Schritte zur finanziellen Freiheit

Lass uns zusammen auf eine spannende Reise gehen – eine Reise, die dich deiner finanziellen Freiheit ein großes Stück näherbringt. Bevor wir starten, möchte ich eine wichtige Sache klarstellen: Ich bin keine Finanzberaterin, und was ich mit dir teile, sind meine persönlichen Einsichten und Strategien, die mir auf meinem Weg geholfen haben. Es ist ein Wegweiser, der dich inspirieren soll, deinen eigenen Pfad zur finanziellen Freiheit zu erkunden und zu gestalten.

Finanzielle Freiheit mag für jede von uns etwas anderes bedeuten, doch im Kern geht es darum, ein Leben zu führen, das nicht von finanziellen Sorgen bestimmt wird, sondern von unseren Träumen und Wünschen. Ein Leben, in dem wir nicht von Lohnzettel zu Lohnzettel leben, sondern bewusste Entscheidungen treffen können, die nicht nur unser Leben, sondern auch das unserer Liebsten bereichern.

Die folgenden fünf Schritte sind nicht nur pragmatische Aktionen, die du in deinem Bankkonto spüren wirst, sondern auch Transformationen deiner Denkweise und deiner Beziehung zu Geld. Sie sollen dir nicht nur zeigen, wie du sparen und investieren kannst, sondern auch, wie du ein Leben erschaffst, das voller Fülle, Freude und Freiheit ist.

Leider kann ich dir keinen goldenen Schlüssel in die Hand drücken, der alle Türen öffnet, aber ich darf dir versichern, dass jeder Schritt, den du gehst, jede Entscheidung, die du triffst, und jede Gewohnheit, die du änderst, dich ein Stückchen näher an dein Ziel bringt: ein Leben voller finanzieller Freiheit.

Schritt 1: Finanzielles Bewusstsein schaffen: Deine Einnahmen und Ausgaben im Blick

Der erste Schritt auf dem Weg zur finanziellen Freiheit ist das Schaffen eines grundlegenden finanziellen Bewusstseins. Es geht darum, ein klares Bild deiner aktuellen finanziellen Situation zu bekommen. Hierfür ist es entscheidend, einen genauen Überblick über deine Einnahmen und Ausgaben zu erlangen. Das mag zunächst nach einer mühsamen Aufgabe klingen, ist jedoch unerlässlich, um zu verstehen, wohin dein Geld fließt und wo du eventuell Einsparpotenzial hast.

Beginne mit der Erfassung aller deiner Einnahmen – das umfasst Gehälter, Nebeneinkünfte oder sonstige Einkünfte. Als nächstes notierst du dir alle deine Ausgaben. Hierbei kann es hilfreich sein, eine einfache Tabelle zu nutzen oder eine der vielen verfügbaren Finanz-Apps heranzuziehen. Versuche, deine Ausgaben so detailliert wie möglich zu erfassen, um ein realistisches Bild deiner finanziellen Gewohnheiten zu erhalten.

Dieser Überblick gibt dir die Möglichkeit, bewusste Entscheidungen darüber zu treffen, wie du dein Geld einsetzt. Indem du vielleicht ungenutzte Abonnements beendest oder Kosten für Aktivitäten überdenkst, die teurer sind als angenommen, schaffst du ein solides finanzielles Fundament. Dieser erste Schritt hilft dir, deine aktuelle finanzielle Lage zu verstehen und ermöglicht es dir, Pläne zu entwickeln, wie du sparen, investieren und letztendlich deine finanziellen Ziele erreichen kannst. Das Bewusstsein für deine Finanzen zu schärfen ist ein entscheidender Schritt auf dem Weg zur finanziellen Freiheit. Es bildet die Grundlage für alle weiteren Entscheidungen und Strategien.

Schritt 2: Ziele definieren und priorisieren: Navigiere sicher durch deine Finanzen

Nachdem du ein Bewusstsein für deine Finanzen entwickelt hast, besteht der nächste Schritt darin, klare Ziele zu setzen und diese zu priorisieren. Deine finanziellen Ziele können sich von kurzfristigen Bedürfnissen wie dem Anlegen eines Notgroschens für unerwartete Ausgaben bis zu langfristigen Plänen wie der Absicherung deiner finanziellen Zukunft im Ruhestand erstrecken.

Beginne, indem du deine Ziele in drei Kategorien unterteilst: kurz-, mittel- und langfristig. Kurzfristige Ziele könnten das Bilden eines Notgroschens oder das Sparen für einen bevorstehenden Urlaub umfassen. Mittelfristige Ziele könnten sich auf das Abbezahlen von Schulden oder das Ansparen für ein neues Auto konzentrieren, während langfristige Ziele auf deine Altersvorsorge oder das Erreichen finanzieller Unabhängigkeit abzielen.

Sobald du deine Ziele festgelegt hast, ist es entscheidend, sie nach Wichtigkeit und Dringlichkeit zu ordnen. Überlege, welche Ziele für dich und deine Familie prioritär sind, und rücke diese an den Anfang deiner Liste. Diese Priorisierung ermöglicht es dir, deinen Fokus zu schärfen und deine Ressourcen gezielt einzusetzen.

Das Festlegen von Zielen gibt dir eine klare Richtung vor und hält deine Motivation aufrecht, während du den Weg zur finanziellen Freiheit beschreitest. Bedenke, dass das Erreichen dieser Ziele ein Prozess ist, während dessen sich Prioritäten ändern können. Bleibe flexibel und passe deine Ziele an, um sicherzustellen, dass sie stets mit deinen persönlichen Werten und Lebensumständen in Einklang stehen.

Das Definieren und Priorisieren deiner finanziellen Ziele ist ein entscheidender Schritt, der dir erlaubt, mit Zuversicht und Klarheit voranzuschreiten.

Schritt 3: Erstelle und pflege dein Budget: Der Schlüssel zu deinen finanziellen Zielen

Nachdem du deine Finanzen erkundet und klare Ziele gesetzt hast, ist es nun an der Zeit, den Weg dorthin aktiv zu gestalten. Ein durchdachtes Budget[14] fungiert als deine Landkarte, die dich sicher zu deinen finanziellen Zielen leitet. Beginne damit, deine Einnahmen und Ausgaben zu kategorisieren – von notwendigen Kosten wie Miete und Lebensmittel bis hin zu den angenehmen Extras wie Freizeitaktivitäten. Das Geheimnis eines erfolgreichen Budgets liegt im Finden eines Gleichgewichts, das sowohl deine alltäglichen Bedürfnisse als auch deine Sparziele berücksichtigt.

Effektive Budgetierung erfordert Ehrlichkeit, Disziplin, aber auch Flexibilität. Es ist entscheidend, realistisch zu sein und ein Budget zu erstellen, das sowohl auf dem Papier als auch in der Praxis funktioniert. Dies kann bedeuten, dass du Prioritäten setzen und vielleicht auf einige Extras verzichten musst, um deine Sparziele zu erreichen. Denke daran, jeder eingesparte Euro bringt dich deinen Träumen näher.

Nimm dir regelmäßig Zeit, um dein Budget zu überprüfen und anzupassen. Das Leben ist dynamisch, und dein Budget sollte flexibel genug sein, um auf Veränderungen reagieren zu können. Indem du dein Budget im Blick behältst und es bei Bedarf anpasst, behältst du die Kontrolle über deine Finanzen und sicherst dir den Weg zu finanzieller Sicherheit und Freiheit.

Schritt 4: Aufbau eines Notfallfonds: Dein finanzieller Sicherheitsgurt

Der Aufbau eines Notfallfonds ist wie das Anlegen eines Sicherheitsgurtes für deine finanzielle Reise. Er dient als Puffer, der dich vor den unvorhersehbaren Stößen des Lebens schützt, sei es durch unerwartete Reparaturen, medizinische Notfälle oder den plötzlichen Verlust des Einkommens. Dein Ziel sollte es sein, einen Betrag zu sparen, der drei bis sechs Monate deiner Lebenshaltungskosten abdeckt. Dies gibt dir in Krisenzeiten eine finanzielle Atempause, ohne dass du in die Schuldenfalle gerätst.

Beginne klein, aber bleibe konsequent. Selbst ein bescheidener Betrag, der regelmäßig gespart wird, kann zu einem soliden Polster heranwachsen, auf das du in Notzeiten zurückgreifen kannst. Dieser Fonds wirkt als deine finanzielle Rückversicherung und bietet dir den notwendigen Freiraum und Sicherheit, um auch durch unsichere Zeiten gelassen zu navigieren.

Ein gut ausgestatteter Notfallfonds ermöglicht es dir, Herausforderungen gelassen zu begegnen, ohne deine langfristigen Sparziele oder deinen Lebensstandard zu gefährden. Mach den Aufbau dieses Fonds zu einer deiner obersten Prioritäten. Damit sicherst du dir nicht nur ein Gefühl der Sicherheit, sondern bist auch bestens auf unerwartete Ereignisse vorbereitet.

Schritt 5: Kluge Investments: Baue deine finanzielle Zukunft auf

Investieren spielt eine entscheidende Rolle auf dem Weg zur finanziellen Freiheit. Geld einfach nur zu sparen – sei es unter der Matratze oder auf einem Sparkonto mit niedrigen Zinsen – führt dazu, dass es im Laufe der Zeit durch Inflation an Wert verliert.

Die Lösung ist, sich über verschiedene Anlagemöglichkeiten zu informieren. Das Spektrum reicht von einfachen Sparbüchern, die eher eine Notlösung sein sollten, bis hin zu Fonds und Aktien. Jede dieser Optionen bietet spezifische Merkmale, Risiken und Chancen auf Erträge. Es ist entscheidend, eine Anlagestrategie zu wählen, die deinen finanziellen Zielen, deinem Zeitrahmen und deiner Risikobereitschaft entspricht.

Der Einstieg in die Welt der Finanzen mag zunächst einschüchternd erscheinen, aber es ist wichtig zu erkennen, dass selbst kleine, regelmäßige Investitionen über die Zeit einen erheblichen Unterschied machen können. Dank des Zinseszinseffekts[15] kann sich dein Geld vermehren und ein stabiles Fundament für deine Zukunft bilden.

Der Schlüssel zum Erfolg ist, mit dem Investieren zu beginnen – auch mit kleinen Beträgen – und diese Investitionen als Teil deiner langfristigen Finanzplanung zu betrachten. Beim Investieren geht es nicht um schnellen Reichtum, sondern um stetiges Wachstum und die Absicherung deiner finanziellen Zukunft.

Indem du bewusst und strategisch investierst, gestaltest du aktiv deine finanzielle Zukunft. Du schaffst nicht nur Sicherheit für dich und deine Familie, sondern ermöglichst dir auch, das Leben nach deinen eigenen Vorstellungen zu gestalten. Nutze jetzt die Chance, den ersten Schritt zu machen und dein Geld für dich arbeiten zu lassen.

Nachdem du nun die fünf Schritte zur finanziellen Freiheit kennst, besitzt du das nötige Wissen, um ein sicheres und selbstbestimmtes finanzielles Leben zu führen. Von der Entwicklung eines finanziellen Bewusstseins über das Setzen

---

[14] Ein **Budget** ist ein Plan, der Einnahmen und Ausgaben gegenüberstellt, um Finanzen zu organisieren und Ziele zu erreichen.

[15] **Zinseszins** ist das Wachstum eines investierten Betrags durch das Verdienen von Zinsen auf Zinsen.

und Verfolgen von Zielen bis hin zum Aufbau eines Notfallfonds und der klugen Investition in deine Zukunft – jeder Schritt ist ein wichtiger Meilenstein auf deiner Reise zu finanzieller Sicherheit und Unabhängigkeit.

Denke daran, dass finanzielle Freiheit das Ergebnis von Disziplin, Geduld und kontinuierlichem Bemühen ist und nicht über Nacht erreicht wird. Jede Reise beginnt mit einem ersten Schritt. Indem du diese Schritte in dein Leben integrierst, machst du wichtige Fortschritte auf dem Weg zu einem Leben, das durch finanzielle Stabilität und die damit verbundenen Freiheiten geprägt ist.

Betrachte diese 5 Schritte als deinen Wegweiser und erinnere dich daran, dass du die Designerin deiner finanziellen Zukunft bist. Mit jedem bewussten Schritt, den du unternimmst, stärkst du das Netz deiner finanziellen Sicherheit und schaffst einen Raum, in dem du frei träumen, wachsen und sowohl persönliche als auch familiäre Ziele erreichen kannst.

Feiere die kleinen Erfolge auf diesem Weg und sei geduldig mit dir selbst, während du die Prinzipien und Praktiken verinnerlichst, die dir dabei helfen, eine nachhaltige und erfüllende Beziehung zu deinen Finanzen aufzubauen. Der Schlüssel zu wahrer finanzieller Freiheit liegt in deinen Händen – es ist an der Zeit, ihn mutig zu nutzen und die Türen zu einem erfüllten Leben weit zu öffnen.

„Finanzielle Freiheit beginnt
nicht im Portemonnaie,
sondern im Kopf.
Es ist der Mut, zu träumen,
die Weisheit zu planen und
die Entschlossenheit,
jeden Tag einen Schritt
in Richtung deiner Ziele
zu gehen.“

Kleine Weisheiten - große Veränderungen

Tracy's Aufruf zum Haus deiner Träume

Stell dir vor, das größte Dilemma meines Monats war einst die Farbwahl einer Louis Vuitton – ein Luxusproblem, das bald von einer Realität abgelöst wurde, die alles andere als luxuriös war. Doch nicht etwa ausschweifender Luxus oder unbedachte Shoppingtouren waren die Ursache. Nein, es war ein mutiger Traum von einem alten Haus, das mein Mann und ich entdeckten – ein Diamant im Rohzustand, der nur darauf wartete, von uns in liebevoller Arbeit geschliffen zu werden.

Was als Projekt voller Leidenschaft und Vision begann, verwandelte sich schnell in eine finanzielle Zerreißprobe. Rechnungen stapelten sich wie die Ausgaben für ein Haute-Couture-Kleid – nur, dass am Ende kein glanzvoller Auftritt wartete. Die Nächte wurden zu einem Kampfplatz zwischen Schlaf und Sorgen, unterbrochen von ungewollten nächtlichen Unterbrechungen.

Doch eines Nachts kam der Wendepunkt. Ich beschloss, dass genug genug war. Es war Zeit, die Kontrolle zurückzugewinnen. Weg vom finanziellen Freistil, hin zu einem kalkulierten Budget, das uns nicht nur aus dem Strudel zog, sondern auch Raum für unsere Träume ließ.

Es war kein einfacher Weg. Stellenweise fühlte es sich an, als würde ich mit Stilettos einen Marathon laufen – eine Herausforderung für Körper und Seele. Aber mit jedem Schritt, den wir machten, jeder Entscheidung, die wir trafen, fanden wir zurück zu unserem Traum, gestärkt durch die Erkenntnis, dass finanzielle Disziplin und Träume keine Gegensätze sein müssen.

Heute blicke ich zurück auf diese Zeit mit einem Lächeln. Ja, es war eine Lektion in Demut, in Hingabe und im Glauben an uns selbst. Ich möchte dich, liebe Leserin, ermutigen, dich nicht von finanziellen Herausforderungen unterkriegen zu lassen. Finanzielle Freiheit ist kein unerreichbares Designerstück, sondern ein Kleid, das du dir Schritt für Schritt selbst schneidern kannst.

Also, schnapp dir deinen Stil und Mut wie dein Lieblingsaccessoire, mach einen Plan und beginne noch heute mit der Umsetzung. Der erste Schritt mag schwer sein, aber mit jedem weiteren kommst du selbstbewusster, sicherer und näher an dein Ziel. Und vergiss nicht: In der Mode wie im Leben – der richtige Zeitpunkt ist jetzt.

Wer weiß, vielleicht wird die Auswahl deiner nächsten Louis Vuitton bald wieder zu einem angenehmen Luxusproblem, während du in deinem Traumhaus stehst – ein Symbol deiner Resilienz, Liebe und finanziellen Klugheit.

Praktisches Beispiel

Lenas Weg:

Ein Erfolgsplan zur finanziellen Freiheit

Lass uns die Geschichte von Lena betrachten, einer engagierten Mama und Teilzeit-Buchhalterin (welche Ironie, nicht wahr!?) Lena stand vor einigen Herausforderungen: Ein knappes Haushaltsbudget, der Wunsch nach mehr finanzieller Sicherheit für ihre Familie und der Traum, irgendwann ihr eigenes kleines Café zu eröffnen.

Schritt 1: Lena begann damit, ihre Finanzen genau unter die Lupe zu nehmen. Sie nutzte eine einfache App, um alle Einnahmen und Ausgaben festzuhalten. Diese Übung öffnete ihr die Augen für unnötige Ausgaben und zeigte ihr, wie viel sie tatsächlich sparen konnte, wenn sie nur ein wenig disziplinierter wäre.

Schritt 2: Mit einem klaren Bild ihrer Finanzen definierte Lena ihre Ziele: einen Notgroschen aufbauen, das Familienauto ersetzen und ihr Traumcafé eröffnen. Sie setzte Prioritäten, begann mit dem Notgroschen und arbeitete sich schrittweise vor.

Schritt 3: Lena erstellte ein realistisches Budget, das Einsparungen bei den Lebensmittelkosten, geringere Ausgaben für Freizeitaktivitäten und eine monatliche Sparrate für ihre Ziele beinhaltete. Sie war überrascht, wie viel sie sparen konnte, ohne dass ihre Familie auf Lebensqualität verzichten musste.

Schritt 4: Innerhalb eines Jahres hatte Lena genug gespart, um einen Notfallfonds zu haben, der sechs Monate ihrer Lebenshaltungskosten abdeckte. Dies gab ihr und ihrer Familie ein enormes Gefühl der Sicherheit und die Freiheit, mutiger zu planen.

Schritt 5: Mit ihrem Notfallfonds sicher angelegt, begann Lena, sich über einfache Anlagemöglichkeiten zu informieren. Sie entschied sich für einen Mix aus ETFs[16], der zu ihrem Risikoprofil passte. Monat für Monat sah sie, wie ihre Investitionen dank des Zinseszinseffekts wuchsen.

Drei Jahre nach Beginn ihrer Reise zur finanziellen Freiheit konnte Lena stolz verkünden, dass sie nicht nur finanziell sicherer war, sondern auch genug Kapital angespart hatte, um den ersten Schritt zur Eröffnung ihres Cafés zu machen. Lenas Geschichte ist ein Beweis dafür, dass mit Geduld, Disziplin und dem richtigen Plan finanzielle Freiheit für jede berufstätige Mutter erreichbar ist.

---

[16] **ETFs** (Exchange Traded Funds) sind börsengehandelte Fonds, die es ermöglichen, in eine Vielzahl von Vermögenswerten wie Aktien, Anleihen oder Rohstoffe zu investieren.

Praktische Übung

Dein persönlicher Fahrplan zur finanziellen Freiheit

Willkommen zu einer praktischen Reise, die dich deiner finanziellen Freiheit näherbringt. Angelehnt an die fünf entscheidenden Schritte, die wir bereits besprochen haben, dient diese Übung als dein persönlicher Fahrplan. Hol dein MOMS CLUB-Journal heraus oder ein paar leere Blätter – jetzt wird es konkret! Es ist an der Zeit, die Theorie in greifbare Aktionen zu verwandeln, die dich Schritt für Schritt deinen Zielen näher bringen. Mach dich bereit, dein finanzielles Wissen aktiv anzuwenden und einen festen Grundstein für deine Zukunft zu legen.

Schritt 1: Finanzielles Bewusstsein schaffen

Diese Woche widmest du dich der sorgfältigen Beobachtung deiner finanziellen Gewohnheiten. Beginne damit, jeden Cent zu notieren, den du ausgibst – sei es der Kaffee unterwegs, ein neues Buch für die Kinder oder die Handyrechnung. Nutze hierfür eine passende App oder klassisch Papier und Stift. Aber das ist noch nicht alles: Notiere ebenso alle Einnahmen, die du während der Woche erhältst, sei es dein Gehalt, gelegentliche Einkünfte oder andere Geldquellen.

Am Ende der Woche nimm dir Zeit, dich mit deinem Journal hinzusetzen und sowohl deine Ausgaben als auch deine Einnahmen genau zu betrachten. Frage dich, ob es Überraschungen oder unerwartete Muster gibt. Wiederhole diese gründliche Aufzeichnung für insgesamt vier Wochen, um ein klares Bild deiner monatlichen Finanzen zu erhalten. Diese regelmäßige Praxis verschafft dir einen umfassenden Überblick über deine finanzielle Situation – ein entscheidender Schritt auf dem Weg zu finanzieller Klarheit und Kontrolle.

Mit diesen Informationen kannst du dann realistisch bewerten, wo du möglicherweise Kosten einsparen kannst oder wo zusätzliche Einkommensquellen erschlossen werden könnten. Dies ist dein erster wichtiger Schritt zur finanziellen Freiheit.

Schritt 2: Ziele setzen und Prioritäten definieren

Schreibe nun drei finanzielle Ziele auf: Ein kurzfristiges (bis zu einem Jahr), ein mittelfristiges (1-5 Jahre) und ein langfristiges Ziel (5 Jahre und mehr). Sei so spezifisch wie möglich.

Schritt 3: Budget planen und einhalten

Basierend auf deinem finanziellen Überblick, erstelle ein monatliches Budget. Teile deine Einnahmen in Kategorien wie Miete, Lebensmittel, Freizeit und natürlich das Sparen. Setze dir feste Beträge pro Kategorie und beginne, diese im nächsten Monat einzuhalten. Nutze dafür gerne eine App oder eine Excel-Tabelle.

Schritt 4: Notfallfonds aufbauen

Eröffne ein separates Sparkonto für deinen Notfallfonds. Setze dir das Ziel, in den nächsten 12 Monaten 3-6 Monate deiner Lebenshaltungskosten anzusparen. Beginne mit kleinen Beträgen, die du jeden Monat beiseitelegst, und steigere diese, wann immer es möglich ist.

Schritt 5: Investieren für die Zukunft

Recherchiere einfache Anlageoptionen und entscheide dich für eine, die zu dir passt. Wenn du dir unsicher bist, suche das Gespräch mit einer Finanzberaterin oder lese. Beginne, regelmäßig – sei es monatlich oder quartalsweise – einen kleinen Betrag zu investieren. Denke daran: Der Zinseszinseffekt ist dein Freund.

Abschluss: Dein Weg zur finanziellen Freiheit

Reflektiere am Ende jeden Monats über deine Fortschritte. Halte fest, was gut läuft und wo du dich verbessern kannst. Feiere deine Erfolge, sei es das erste vollständig eingehaltene Monatsbudget oder die erste Investition. Erinnere dich: Jeder Schritt, den du gehst, bringt dich näher an dein Ziel der finanziellen Freiheit und Unabhängigkeit.

Diese Übung ist mehr als nur eine Aufgabe; sie ist der Beginn deines Weges zu einem erfüllten und selbstbestimmten Leben. Du hast es in der Hand, deine finanzielle Zukunft zu gestalten. Geh diesen Weg mit Zuversicht und Optimismus – denn du verdienst ein Leben voller finanzieller Freiheit und Freude.

Um dein Verständnis für finanzielles Wachstum und Vermögensaufbau unterhaltsam und zugänglich zu erweitern, empfehle ich dir das Buch **„Ein Hund namens Money: Spielerisch zu Erfolg und Wohlstand“** von Bodo Schäfer. Dieses Buch bietet eine motivierende Herangehensweise, um deine finanziellen Angelegenheiten aktiv zu gestalten und dabei Freude zu empfinden.

Das Buch findest du über folgende Link oder scanne den QR-Code:
https://plummer-publishing.com/de/moms-buch-club

✦ Gold*nugget*

Die Magie des Zinseszins: *Dein Schlüssel zu langfristigem Wohlstand*

Dies ist wohl eines meiner wertvollsten Goldnuggets, das die Kraft hat, dein finanzielles Leben tiefgreifend zu verändern: die Magie des Zinseszins. In der Welt der Finanzen gibt es wenige Prinzipien, die so kraftvoll und doch so einfach zu nutzen sind wie der Zinseszins. Verstanden und richtig angewendet, kann er der Schlüssel zu langfristigem Wohlstand und finanzieller Freiheit sein.

Stellen wir uns vor, der Zinseszins ist wie ein Baum, den du in deinem Garten pflanzt. Anfangs ist er klein, kaum mehr als ein Setzling. Doch mit der Zeit wächst er, nicht nur in die Höhe und Breite, sondern beginnt auch, neue Samen zu produzieren, die wiederum zu neuen Bäumen heranwachsen. So wie dieser Baum wächst und sich ausbreitet, wächst auch dein investiertes Geld durch den Zinseszins – es erzeugt Gewinne, die wiederum Gewinne produzieren.

Wie funktioniert der Zinseszins?

Angenommen, du investierst einen Betrag von 1.000 Euro zu einem Zinssatz von 5% jährlich. Im ersten Jahr erwirtschaftest du 50 Euro an Zinsen. Statt die 50 Euro auszugeben, lässt du sie auf deinem Konto, und dein Kapital wächst auf 1.050 Euro an. Im zweiten Jahr verdienst du Zinsen nicht nur auf die ursprünglichen 1.000 Euro, sondern auch auf die zusätzlichen 50 Euro, was dein Kapital weiter wachsen lässt. Über Jahre und Jahrzehnte hinweg kann dieser Prozess dein Vermögen exponentiell steigern.

Der Schlüssel zur Nutzung des Zinseszins

- **Früh starten:** Je früher du mit dem Sparen und Investieren beginnst, desto mehr Zeit hat dein Geld, um durch den Zinseszins zu wachsen.
- **Regelmäßig investieren:** Selbst kleine Beträge, regelmäßig investiert, können dank des Zinseszins im Laufe der Zeit erheblich anwachsen.
- **Geduld haben:** Der wahre Zauber des Zinseszins entfaltet sich über lange Zeiträume. Sei geduldig und bleibe diszipliniert bei deinen Spar- und Investitionsplänen.

Angenommen, du beginnst im Alter von 25 Jahren damit, jeden Monat 100 Euro zu einem Zinssatz von 5% pro Jahr zu investieren. Wenn du dies bis zu deinem 65. Lebensjahr fortsetzt, hättest du insgesamt 48.000 Euro eingezahlt. Durch die Kraft des Zinseszins wäre dein Vermögen jedoch auf über 150.000 Euro angewachsen!

Dein Plan

Beginne noch heute damit, die Magie des Zinseszins für dich zu nutzen. Auch wenn es sich anfangs um kleine Beträge handelt, der Schlüssel liegt in der Beständigkeit und der Zeit. Eröffne ein Sparkonto, einen Sparplan oder investiere in Fonds oder Aktien und beobachte, wie dein Geldbaum zu wachsen beginnt.

Der Zinseszins ist mehr als nur eine mathematische Formel; er ist eine Philosophie des Sparens und Investierens, die dir ermöglicht, langfristig Vermögen aufzubauen. Mach ihn zu einem festen Bestandteil deiner finanziellen Strategie, und du wirst die Früchte deiner Weitsicht ernten. Erinnere dich: Das größte Geheimnis finanziellen Erfolgs ist nicht, wie viel Geld du verdienst, sondern wie klug du es für dich arbeiten lässt.

✦ Gold*nugget*

Schulden adé: *Dein Masterplan für ein befreites und glückliches Leben ohne finanzielle Sorgen*

In der Welt der Finanzen gibt es zwei Arten von Schulden: sinnvolle Schulden und Konsumschulden. Während Erstere als Investition in deine Zukunft dienen können, sind Letztere eine Falle, die dich von deinen finanziellen Zielen abhält. Konsumschulden, insbesondere durch Kreditkarten, sind besonders tückisch. Sie locken mit der Illusion von Kaufkraft, doch tatsächlich binden sie dich nur fester an das Rad der finanziellen Unsicherheit. Jede mit der Kreditkarte getätigte Ausgabe ist eine Schuld, die dich einholt – wenn auch erst 30 Tage später.

Die versteckten Kosten von Konsumschulden

Konsumschulden, vor allem Kreditkartenschulden, kommen oft mit hohen Zinsen daher, die deine finanzielle Last langfristig nur erhöhen. Die Verlockung, heute zu kaufen und morgen zu zahlen, kann zu einem Zyklus führen, in dem Ausgaben ständig deine Einnahmen übersteigen. Dieser Teufelskreis macht es nahezu unmöglich, Vermögen aufzubauen oder finanzielle Sicherheit zu erreichen.

Sinnvolle Schulden vs. Konsumschulden

Sinnvolle Schulden sind wie Saatgut für deine finanzielle Zukunft. Sie repräsentieren Investitionen, die das Potenzial haben, deinen Wert oder dein Einkommen über die Zeit zu steigern. Ein Studienkredit, der dir zu höherem Einkommen verhilft, oder ein Immobilienkredit für ein Eigenheim, das im Wert steigt, sind Beispiele für solche „guten" Schulden. Sie sind strategisch, durchdacht und mit einem klaren Plan verbunden, wie sie dich auf deinem Weg zu finanzieller Unabhängigkeit unterstützen können.

Konsumschulden hingegen sind wie finanzielle Löcher in deinem Budget – sie ziehen dich immer tiefer in den Strudel unnötiger Ausgaben. Sie entstehen durch Impulskäufe, den Erwerb von Luxusgütern, die schnell an Wert verlieren, oder durch die verführerische, aber gefährliche Bequemlichkeit von Kreditkarten, deren Schulden dich Monat für Monat einholen. Konsumschulden tragen nicht zu deinem Vermögensaufbau bei, sondern fressen sich durch Zinsen und Gebühren in dein Budget und binden Ressourcen, die du in deine Zukunft hättest investieren können.

Der erste Schritt zur Freiheit: Schuldenabbau

Der Abbau von Schulden, insbesondere von Konsumschulden, ist der erste und wichtigste Schritt auf dem Weg zur finanziellen Freiheit. Beginne damit, einen Überblick über alle deine Schulden zu erstellen – sortiert nach dem Zinssatz. Konzentriere dich darauf, die Schulden mit den höchsten Zinsen zuerst abzubauen, während du gleichzeitig die Mindestzahlungen auf die anderen Schulden leistest. Dieser sogenannte Schneeball-Effekt ist eine effektive Strategie, um Schulden systematisch und motivierend zu reduzieren.

Ein Leben ohne Schulden

Ein Leben ohne Schulden ist nicht nur ein Traum, sondern eine erreichbare Realität. Es beginnt mit der Entscheidung, nicht über deine Verhältnisse zu leben und Konsumschulden zu vermeiden. Es erfordert Disziplin und ein Umdenken, weg vom sofortigen Bedürfnisbefriedigungsdenken hin zu langfristigen finanziellen Zielen.

Deine Einladung zur Veränderung

Betrachte dieses Goldnugget als deine persönliche Einladung, einen neuen Weg einzuschlagen. Ein Weg, der von finanzieller Disziplin, klugen Entscheidungen und dem Mut geprägt ist, bestehende Schulden abzubauen und zukünftige Schulden zu vermeiden. Ermutige dich selbst täglich, dass du die Kraft hast, deine finanzielle Zukunft zu gestalten. Ein schuldenfreies Leben ist nicht nur ein Schlüssel zu finanzieller Sicherheit, sondern auch zu einem freien und erfüllten Leben.

„Wer keine
Entscheidungen trifft,
wird von Entscheidungen
getroffen“

Kapitel 10

Geheimnis Nummer 8

Die Macht des sozialen Umfelds: *Das Geheimrezept für ein unterstützendes Netzwerk*

„Im Leben ist es wie bei einem Banküberfall. Ohne die richtigen Komplizen wird das nichts.“

Harald Juhnke

Beziehungen sind das Rückgrat unserer Existenz. Sie formen uns, beeinflussen unsere Entscheidungen und prägen unsere Sicht auf das Leben. Während einige Begegnungen flüchtig sein mögen, haben andere das Potenzial, unser Leben von Grund auf zu verändern. In diesem Kapitel möchte ich dir das Geheimnis Nummer 8 vorstellen und zeigen, wie positive Beziehungen und Unterstützung nicht nur unser Wohlbefinden steigern, sondern auch als kraftvolle Katalysatoren für persönliches Wachstum und Glück dienen.

Die digitale Vernetzung ist in unserer heutigen Zeit an der Tagesordnung, und soziale Medien prägen das Bild von zwischenmenschlichen Beziehungen. Theoretisch könnte man annehmen, dass wir enger miteinander verbunden sind als je zuvor. Doch paradoxerweise fühlen sich viele Menschen inmitten dieser vernetzten Welt isolierter und entfremdeter denn je. Dieses Paradoxon[17] unterstreicht die immense Bedeutung echter, tiefer menschlicher Verbindungen – jener Art von Beziehungen, die über flüchtige Online-Interaktionen hinausgehen und uns in unserem Innersten berühren.

Die Qualität und Tiefe unserer Beziehungen wirken sich maßgeblich auf unsere Lebenserfahrung aus. Sie beeinflussen, wie wir die Welt um uns herum wahrnehmen, wie wir Herausforderungen begegnen und wie resilient wir uns gegenüber den Unwägbarkeiten des Lebens zeigen. Positive und unterstützende Beziehungen bieten nicht nur Trost und Freude, sondern stärken auch unser Selbstbewusstsein und unsere Fähigkeit, mit Stress und Widrigkeiten umzugehen. Sie sind das Fundament, auf dem wir aufbauen können, um ein erfülltes Leben zu führen.

Deshalb ist die Pflege solcher Beziehungen nicht einfach nur ein Luxus oder eine angenehme Beigabe zum Alltag, sondern vielmehr eine essentielle Notwendigkeit, ähnlich wie ein klassisches Kleidungsstück in deinem Kleiderschrank, das sowohl Stil als auch Komfort bietet. In unserer Welt, die oft kalt wirken kann, bieten positive Beziehungen einen sicheren Hafen, in dem wir uns verstanden, geschätzt und geliebt fühlen. Sie sind wie ein maßgeschneiderter Anzug, der perfekt sitzt und uns ermöglicht, uns selbst in der Tiefe zu erkennen und zu akzeptieren. Sie ermutigen uns, über unsere Grenzen hinauszugehen und das volle Potenzial unseres Seins zu entfalten.

[17] Ein **Paradoxon** ist eine Aussage oder Situation, die sich widersprüchlich oder gegen die Intuition anfühlt, aber dennoch wahr sein kann.

Letztendlich sind es diese tiefen, bedeutungsvollen Verbindungen, die unserem Leben Farbe und Kontur geben, wie ein Designerstück, das selbst in den dunkelsten Momenten Glanz verleiht. Sie leiten uns durch die Dunkelheit und erinnern uns daran, dass wir, ungeachtet der Herausforderungen, denen wir möglicherweise gegenüberstehen, niemals wirklich allein sind.

Doch wie erkennen wir, ob eine Beziehung wirklich positiv und unterstützend ist? Sind es die gemeinsamen Lacher, die tiefsinnigen Gespräche in der Nacht, oder das beruhigende Gefühl, verstanden zu werden, ohne ein Wort sagen zu müssen?

Von Herz zu Herz - *Positive Beziehungen meistern*

Bei menschlichen Beziehungen sind es bestimmte Merkmale, die positive und erfüllende Verbindungen von den weniger nährenden unterscheiden. Diese Merkmale bilden zusammen die Grundlage für eine unterstützende und liebevolle Beziehung.

Gegenseitiger Respekt: Das Herzstück jeder positiven Beziehung ist der gegenseitige Respekt. Dieses Fundament ermöglicht es uns, die Perspektiven, Meinungen und Grenzen des anderen nicht nur zu erkennen, sondern sie tief zu schätzen und zu ehren. Ein respektvolles Miteinander schafft einen Raum, in dem jeder sich sicher und wertgeschätzt fühlt.

Unterstützung: Wahre Unterstützung in Beziehungen zeigt sich in der Bereitschaft, zuzuhören, eine schützende Umarmung zu geben oder einfach das beruhigende Gefühl zu vermitteln, dass man nie allein ist, egal was das Leben mit sich bringt. Diese Art der Unterstützung bietet Halt und Licht in den dunkelsten Momenten.

Ehrliche Kommunikation: Wahre Beziehungen entstehen durch offene und ehrliche Kommunikation, die es uns erlaubt, unsere tiefsten Gedanken und Gefühle zu teilen – von den freudigen Momenten bis zu den schwierigeren, feineren Details. Diese klare Kommunikation fördert ein tiefes Verständnis und eine enge Verbindung, die selbst die schwierigsten Zeiten überdauern kann.

Gemeinsame Werte: Auch wenn Gegensätze sich anziehen können, sind es oft geteilte Werte und Träume, die eine Beziehung im Kern zusammenhalten. Diese gemeinsame moralische und ethische Basis dient als Kompass, der beide Partner, unabhängig von ihrer Beziehung, in dieselbe Richtung lenkt und ein tiefes, festes Verständnis füreinander fördert.

Geben und Nehmen: Eine harmonische Balance zwischen Geben und Nehmen ist entscheidend für jede gesunde Beziehung. Es ist ein Wechselspiel der Gegenseitigkeit, bei dem Liebe, Zeit und Energie in einem natürlichen und ausgewogenen Rhythmus ausgetauscht werden, ohne dass einer der Partner sich benachteiligt fühlt.

Eigenständigkeit: Positive Beziehungen gedeihen in einer Atmosphäre der Freiheit und Selbstständigkeit. Sie ermutigen jeden Partner, seinen eigenen Weg zu gehen, persönliche Interessen zu verfolgen und individuelle Ziele zu erreichen. Diese Eigenständigkeit bereichert die Beziehung, indem sie jedem Partner ermöglicht, sich individuell zu entwickeln, während gleichzeitig eine stärkere, bewusstere Verbindung zueinander gefördert wird.

Diese Merkmale positiver Beziehungen zu kultivieren, gleicht der Auswahl einer exquisiten Modekollektion: Es erfordert Geduld, Hingabe und die Bereitschaft, durch jede Phase des kreativen Prozesses zu gehen. Doch das Ergebnis dieser „Arbeit“ sind Beziehungen, die nicht nur bestehen, sondern erblühen – voller Liebe, Verständnis und einer tiefen, unerschütterlichen Verbindung, wie eine zeitlos elegante Garderobe, die jede Saison überdauert.

„Es gibt Menschen die passen perfekt ins Herz“ ♥

Schlüsselstrategien für blühende Beziehungen: *Wege zur Pflege und Stärkung positiver Verbindungen*

Die Pflege positiver Beziehungen erfordert bewusstes Engagement und Strategien, die darauf abzielen, Bindungen zu stärken und ein Umfeld des Vertrauens und der gegenseitigen Unterstützung zu schaffen. Hier sind meine 10 praktischen Tipps, wie solche Beziehungen gefördert werden können:

1. **Regelmäßige Kommunikation:** Halte die Kommunikationskanäle offen. Dies bedeutet nicht nur, regelmäßig zu sprechen, sondern auch wirklich zuzuhören. Zeige Interesse an den Gedanken, Gefühlen und Erlebnissen des anderen.

Beispiel: Anna und ihr Partner nehmen sich vor, jeden Abend zehn Minuten Zeit für ein Gespräch über ihren Tag zu reservieren – ohne Ablenkungen durch Handys oder den Fernseher, um ihre Verbindung zu stärken.

2. **Quality Time verbringen:** Schaue, dass du bewusst Zeit für gemeinsame Unternehmungen mit deinen Liebsten reservierst, die euch Freude bereiten. Ob es ein entspannter Spaziergang, ein Handy-freies Abendessen oder ein Spieleabend ist, solche Momente fördern die Nähe.

Beispiel: Maria organisiert einmal im Monat einen „Date-Tag“ mit ihrem Sohn, an dem sie gemeinsam ins Kino gehen, einen Park besuchen oder ein neues Hobby ausprobieren.

3. **Wertschätzung ausdrücken:** Drücke Dankbarkeit und Anerkennung für die Menschen in deinem Leben aus. Wir neigen dazu, die kleinen Gesten zu übersehen, doch ein schlichtes „Danke“ oder eine kleine Aufmerksamkeit kann Großes bewirken.

Beispiel: Julia überrascht ihre beste Freundin mit einer Dankeskarte, um ihr für ihre unermüdliche Unterstützung und tiefe Freundschaft zu danken.

4. Unterstützung anbieten: Sei da, wenn dich jemand braucht – ob als Zuhörer, helfende Hand oder einfach als Schulter zum Anlehnen. Wahre Unterstützung offenbart sich gerade in herausfordernden Momenten.

Beispiel: Als Karins Kollegin eine harte Phase durchlebt, steht Karin ihr bei, unterstützt sie bei der Arbeit und bietet ihr ein offenes Ohr an, wann immer sie darüber sprechen möchte.

5. Konstruktive Konfliktlösung: Konflikte sind in jeder Beziehung unvermeidlich. Der Schlüssel liegt darin, sie gesund zu bewältigen. Kommuniziere ohne Schuldzuweisungen, suche aktiv nach Lösungen und sei bereit, Kompromisse einzugehen.

Beispiel: Lena und ihr Bruder nutzen „Ich-Botschaften", um ihre Differenzen bezüglich Familienangelegenheiten ohne Anschuldigungen zu besprechen.

Die Technik der „Ich-Botschaften" fördert eine konstruktive Konfliktlösung, indem persönliche Gefühle, Gedanken und Bedürfnisse ausgedrückt werden, anstatt direkte Vorwürfe zu machen. Dies vermeidet defensive Reaktionen, fördert gegenseitiges Verständnis und unterstützt die Suche nach gemeinsamen Lösungen. Anstelle von Vorwürfen wie „Du hörst mir nie zu!" könnten Aussagen wie „Ich fühle mich übergangen, wenn meine Vorschläge nicht beachtet werden" verwendet werden. Diese Methode erleichtert eine offene Kommunikation und hilft, Konflikte respektvoll zu lösen.

6. Respektierung von Grenzen: Respektiere die persönlichen Grenzen jedes Einzelnen. Das Anerkennen und Respektieren dieser Grenzen stärkt das gegenseitige Verständnis und unterstützt ein gesundes Zusammenleben.

Beispiel: Simone erklärt ihrer Partnerin respektvoll, dass sie jeden Mittwochabend Zeit für sich benötigt, um ihrem Hobby nachzugehen. Durch dieses offene Gespräch über ihre Bedürfnisse fördert sie ein Klima des Verständnisses und Respekts in der Beziehung.

7. Gemeinsame Ziele verfolgen: Setzt euch gemeinsam Ziele, die euch inspirieren. Dies kann von kleinen Vorhaben bis zu großen Lebenszielen variieren und verleiht eurer Beziehung einen gemeinsamen Zweck.

Beispiel: Petra und ihr Partner beschließen, sich auf einen Halbmarathon vorzubereiten. Sie unterstützen und motivieren sich gegenseitig auf diesem Weg, was ihre Bindung stärkt und ihnen ein gemeinsames Ziel gibt.

8. Eigenständigkeit fördern: Ermutige die individuellen Interessen und Ambitionen des anderen. Eine gesunde Beziehung ermöglicht es beiden Parteien, als Individuen zu wachsen.

Beispiel: Markus unterstützt seine Partnerin dabei, den seit Langem erwünschten Malkurs zu besuchen, und übernimmt in dieser Zeit die Betreuung der Kinder.

9. Positives Feedback geben: Fokussiere dich auf die positiven Aspekte der Beziehung und der Person. Positives Feedback stärkt das Selbstwertgefühl und die Bindung.

Beispiel: Mia lobt ihre Freundin regelmäßig für deren einfühlsame Art und deren Fähigkeit, immer das Beste in anderen zu sehen, was deren Vertrauen in ihre sozialen Fähigkeiten verstärkt.

10. Gemeinsam lachen: Humor ist ein starkes Bindemittel, das Nähe schafft und Spannungen löst. Selbst in herausfordernden Momenten ist es wichtig, Raum für gemeinsames Lachen zu finden.

Beispiel: Nach einem langen, anstrengenden Tag entscheiden sich Sarah und ihre Tochter, gemeinsam alberne Tanzeinlagen im Wohnzimmer zu veranstalten, was beiden hilft, sich zu lockern und eine fröhliche, gelöste Atmosphäre zu schaffen.

Kleine Weisheiten - große Veränderungen

Tracy's Aufruf zu Beziehungen, die wirklich passen

Stell dir vor, deine Beziehungen wären wie deine Garderobe – voll mit allem! Von Glitzerkleidern bis zu Wohlfühl-Jogginghosen ist alles vertreten. Aber genau wie in deinem Kleiderschrank gibt es auch in deinem sozialen Leben Stücke, die vielleicht ein bisschen zu lange in der hinteren Ecke verweilt haben – ja, ich spreche von dir, neonfarbene Leggings der 80er, und von Freunden, die sich nur melden, wenn sie etwas brauchen.

Unsere heutige Modenschau der „kleinen Weisheiten, große Veränderungen" dreht sich um das Ausmisten und Pflegen deines sozialen Kleiderschranks. Denn seien wir ehrlich: Manche Beziehungen sind wie jene Jeans, die du seit Jahren aufbewahrst in der Hoffnung, sie eines Tages wieder tragen zu können – es ist Zeit, loszulassen.

Wie bei einem gut sortierten Kleiderschrank, in dem jedes Stück Freude bereitet, sollten dich auch deine Beziehungen zum Leuchten bringen. Es geht darum, die Vintage-Schätze (langjährige Freundschaften) von den Fast-Fashion-Fehlgriffen (toxische Bekanntschaften) zu trennen.

Und jetzt mein wichtigster Tipp von allen: Wie du dein Seidenkleid sorgfältig von Hand wäschst, so benötigen auch deine Beziehungen Liebe und Pflege. Die vorgestellten Strategien sind wie dein ultimatives Waschmittel für die Seele – sie helfen, Flecken zu entfernen und die Farben zum Strahlen zu bringen.

Also, schnapp dir deine metaphorische Ankleidekabine und beginne mit der Anprobe. Es ist Zeit herauszufinden, welche Beziehungen perfekt in dein Leben passen. Und vergiss nicht: Das beste Accessoire, das du je tragen wirst, ist ein gesundes Selbstwertgefühl – es passt zu allem und geht nie aus der Mode.

„Umgib dich mit Mode,
die inspiriert,
und Beziehungen,
die dich stärken.
Dein sozialer
Kleiderschrank sollte
so sorgfältig ausgewählt
sein wie deine
Garderobe."

Aus dem Schatten treten:
Der Weg aus toxischen Beziehungen

Stell dir vor, du gehst durch einen dichten, nebelverhangenen Wald. Du spürst die Kälte auf deiner Haut, die Feuchtigkeit in der Luft, und obwohl du den Weg nicht siehst, spürst du die Last, die dich nach unten zieht – eine unsichtbare, doch erdrückende Präsenz. Dieses Bild ähnelt oft unserem Kampf innerhalb toxischer Beziehungen[18], jenen Beziehungen, die uns leise, aber sicher, die Lebensfreude, unsere Energie und unser Selbstwertgefühl rauben.

Viele von uns haben diese schmerzhaften Beziehungen erlebt, die uns mehr nehmen, als sie je geben könnten. Sie sind heimliche Energieräuber, die uns in einen emotionalen Strudel ziehen, aus dem es unmöglich scheint zu entkommen. Diese Beziehungen sind raffiniert in ihrer Toxizität und oft verkleidet mit dem Mantel der Liebe, der Fürsorge oder der Verpflichtung. Sie nagen an unserem Selbstbewusstsein, säen Zweifel und zwingen uns in eine Rolle, die nie wirklich unsere war.

Es ist ein schleichender Prozess. Zuerst bemerken wir nur die kleinen Stiche und die kleinen Missachtungen unserer Grenzen. Doch mit der Zeit werden sie zu einem konstanten Lärm, der uns daran hindert, unsere eigene Stimme zu hören. „Bin ich gut genug?“, „Verdiene ich vielleicht nicht mehr?“, „Ist es meine Schuld?“. Diese Fragen werden zu unseren ständigen Begleitern, zu unerwünschten, aber hartnäckigen Gästen in unserem Geist.

Der Schritt, sich einzugestehen, dass man in einer toxischen Beziehung steckt, ist schmerzhaft. Es bedeutet, sich der harten Wahrheit zu stellen, dass nicht jede Liebe gesund ist, dass nicht jede Nähe guttut und dass manchmal das Festhalten an einer Beziehung mehr zerstört als das Loslassen. Es bedeutet, sich der Angst vor dem Alleinsein, der Angst vor dem Neuanfang und der Angst vor dem Urteil anderer zu stellen.

Doch hier liegt auch eine unbeugsame Wahrheit: Du bist mehr wert als eine toxische Beziehung. Du verdienst es, in einem Umfeld zu sein, das dich wachsen lässt, nicht in einem, das dich verblühen lässt. Du verdienst es, geliebt zu werden, für die Person, die du bist, mit all deinen Farben, nicht trotz ihnen. Und du verdienst es, frei zu sein – frei von den Fesseln, die dich zurückhalten, frei, dein Leben nach deinen eigenen Vorstellungen zu gestalten.

Dies ist ein Aufruf, mutig zu sein. Ein Aufruf, dich und deine Bedürfnisse ernst zu nehmen. Ein Aufruf, das Ruder deines Lebens fest in die Hand zu nehmen und Kurs auf ein gesünderes, erfüllteres Ich zu setzen. Es wird nicht einfach sein, aber jede Reise beginnt mit einem ersten Schritt. Und dieser erste Schritt könnte heute sein.

---

[18] Eine **toxische Beziehung** ist eine Verbindung zwischen Menschen, die durch negatives, schädliches Verhalten geprägt ist und das Wohlbefinden und die Lebensqualität der Beteiligten beeinträchtigt.

Alarmzeichen toxischer Beziehungen: Erkenne die versteckten Gefahren

Toxische Beziehungen verstecken sich oft hinter einer Fassade von Normalität oder sogar Liebe, was ihre Erkennung erschwert. Sie zeichnen sich durch ein anhaltendes Gefühl der Erschöpfung, Selbstzweifel und Unzufriedenheit aus. Im Folgenden zeige ich dir einige der toxischen Merkmale, die als klare Warnsignale gelten können:

Emotionaler Missbrauch: Charakterisiert durch Abwertungen, Beleidigungen, Schuldzuweisungen oder Manipulationen, nutzen toxische Partner oder Freunde emotionale Verletzlichkeit, um Kontrolle und Macht auszuüben.

Beispiel: Tessa erlebt, dass ihr Partner sie bei jedem Streit herabsetzt und beleidigt. Anstatt konstruktive Diskussionen zu führen, wirft er ihr vor: „Du bist zu sensibel" oder „Du verstehst nie etwas richtig", was sie zunehmend an ihrem eigenen Urteilsvermögen zweifeln lässt.

Mangel an Unterstützung: In einer toxischen Beziehung oder Freundschaft fühlt man sich oft allein gelassen mit seinen Problemen und Erfolgen. Anstatt Unterstützung zu erfahren, begegnet einem Gleichgültigkeit oder sogar Neid.

Beispiel: Als Sarah von ihrer erfolgreichen Präsentation bei der Arbeit erzählt, hofft sie auf Anerkennung von ihrer Freundin. Stattdessen reagiert diese desinteressiert und lenkt das Gespräch schnell auf ihre eigenen Erfolge, was Sarah sich isoliert und enttäuscht fühlen lässt.

Grenzüberschreitungen: Toxische Personen respektieren persönliche Grenzen nicht. Sie überschreiten Linien, die nicht freigegeben wurden, und missachten deutlich ausgedrückte Wünsche oder Bedürfnisse.

Beispiel: Julia bittet ihren Freund wiederholt, ihr Handy nicht ohne Erlaubnis zu verwenden. Trotzdem ignoriert er ihre Bitte regelmäßig, was ein unmissverständliches Zeichen von Respektlosigkeit darstellt.

Konstante Kritik: Während konstruktive Kritik in Beziehungen förderlich sein kann, sind toxische Beziehungen häufig von ständiger, oft unbegründeter Kritik geprägt, die das Selbstwertgefühl erheblich schmälert.

Beispiel: Laura gibt ihr Bestes, um ihre Fähigkeiten und Talente zu entwickeln, doch wird sie von ihrem Vater ständig kritisiert. Egal, ob es um ihre beruflichen Bestrebungen oder ihre persönlichen Interessen geht, seine unaufhörliche Kritik lässt sie an ihren Fähigkeiten zweifeln und untergräbt ihr Vertrauen in sich selbst.

Passiv-aggressives Verhalten: Anstatt offen zu kommunizieren, neigen toxische Personen häufig zu passiv-aggressiven Verhaltensweisen, um ihre Unzufriedenheit oder ihren Ärger zu äußern.

Beispiel: Wenn Clara verärgert ist, spricht sie nicht direkt aus, was sie stört, sondern bedient sich sarkastischer Kommentare und zieht sich emotional zurück. Dies macht es für ihre Freundin schwierig, das eigentliche Problem zu verstehen und anzusprechen, was eine offene und ehrliche Kommunikation verhindert.

Kontrollverhalten: Ein klares Zeichen toxischer Beziehungen ist das Bestreben, das Leben des anderen zu dominieren – sei es die Art, wie man seine Freizeit verbringt oder die Wahl der Kleidung.

Beispiel: Elena plant einen gemütlichen Abend mit ihren Freundinnen, doch ihr Partner möchte genau wissen, wohin sie geht, wer dabei sein wird und ruft wiederholt an, um zu kontrollieren, ob Elena sich auch wirklich an seine Vorgaben hält.

Isolation: Toxische Beziehungen können dazu führen, dass du dich zunehmend von deinem sozialen Umfeld zurückziehst – manchmal auf direktes Betreiben deines Partners oder durch ein schleichendes Gefühl der Entfremdung.

Beispiel: Sarah stellt fest, dass ihre Treffen mit Freundinnen seltener geworden sind, seitdem sie in ihrer Beziehung ist. Ihr Partner zeigt sich jedes Mal eifersüchtig, wenn sie plant, Zeit ohne ihn zu verbringen, was sie zunehmend isoliert.

Unausgeglichenes Geben und Nehmen: Toxische Beziehungen zeichnen sich oft durch ein stark unausgeglichenes Verhältnis zwischen Geben und Nehmen aus, bei dem eine Partei übermäßig viel gibt, ohne angemessene Wertschätzung oder Gegenleistung zu erfahren.

Beispiel: Claudia, die sich leidenschaftlich für soziale Projekte engagiert, findet sich immer wieder in Freundschaften wieder, in denen sie viel Zeit und Energie investiert, um anderen zu helfen. Doch wenn sie selbst Unterstützung benötigt, fühlt sie sich oft alleingelassen und merkt, dass ihre eigenen Bedürfnisse und Träume kaum Beachtung finden.

Jetzt ist die Gelegenheit, innezuhalten und sich ehrlich einzugestehen, dass das Erkennen und Loslassen toxischer Beziehungen zwar herausfordernd ist, aber zugleich den Beginn einer tiefgreifenden Transformation und Erneuerung darstellen kann.

Sich von toxischen Beziehungen zu lösen, zeugt nicht von Schwäche, sondern von Mut zu einem gesünderen, selbstbestimmten Leben. Du begibst dich auf eine Reise, auf der du lernst, deine Bedürfnisse, Wünsche und dein Wohlbefinden in den Mittelpunkt zu stellen. Dieser Prozess erfordert Mut, Selbstreflexion und gegebenenfalls Unterstützung durch Freunde, Familie oder professionelle Beratung.

Die Entscheidung, eine toxische Beziehung hinter sich zu lassen, ist ein entscheidender Moment, in dem du deine Grenzen anerkennst und verteidigst. Es ist ein Akt der Selbstfürsorge und des Selbstrespekts, der Raum für positive, erfüllende Beziehungen schafft, die auf gegenseitigem Respekt, Vertrauen und Unterstützung beruhen.

Das Ende einer toxischen Beziehung markiert nicht das Ende deiner Reise, sondern ist ein wichtiger Schritt hin zu einem glücklicheren und gesünderen Ich. Jeder Tag bietet viele Chancen für einen Neubeginn, für Lernen und Wachstum. Indem du toxische Menschen und Muster hinter dir lässt, öffnest du die Tür zu einem Leben voller Positivität, Liebe und echten Verbindungen.

Jetzt, da du die Merkmale toxischer Beziehungen und ihre Auswirkungen auf dein Leben kennst, bist du bereit für den nächsten Schritt: Selbstreflexion. Die folgende praktische Übung wird dir helfen, tief in dein Inneres zu blicken, toxische Muster in deinen Beziehungen zu erkennen und den ersten Schritt Richtung Veränderung und persönliches Wachstum zu wagen. Es ist an der Zeit, die Kontrolle über dein Leben zurückzugewinnen und den Pfad zu einem erfüllten, glücklichen Dasein zu beschreiten.

Praktische Übung

Toxische Muster *erkennen*

Finde einen ruhigen Rückzugsort, wo du ungestört bist. Nimm dein MOMS CLUB- Journal oder ein paar Blätter und einen Stift zur Hand. Atme tief durch, um dich zu sammeln und zu entspannen, bevor du loslegst.

Schritt 1: Selbstreflexion
Nimm dir Zeit, über die verschiedenen Beziehungen in deinem Leben nachzudenken – ob mit deinem Partner, deiner Familie, deinen Freunden oder Kollegen. Fokussiere dich auf eine Beziehung, die dir sofort einfällt und bei der du dich unsicher oder unwohl fühlst.

Schritt 2: Beantwortung der Leitfragen
Reflektiere über jede der folgenden Fragen in Bezug auf die gewählte Beziehung. Schreibe deine Gedanken und Gefühle auf:

- **Respekt und Wertschätzung:** Fühlst du dich in dieser Beziehung respektiert und wertgeschätzt? Gibt es Momente, in denen du dich klein oder ignoriert fühlst?

- **Authentizität:** Kannst du in dieser Beziehung du selbst sein, ohne Angst vor Urteilen oder Konsequenzen? Wann fühlst du den Drang, dich zu verstellen?

- **Geben und Nehmen:** Bekommst du so viel zurück, wie du investierst? Existiert ein Gleichgewicht, oder fühlst du dich ausgenutzt?

Schritt 3: Mustererkennung
Betrachte deine Antworten. Erkennst du Muster von Respektlosigkeit, Einschränkung deiner Authentizität oder ein Ungleichgewicht im Geben und Nehmen? Halte fest, welche Verhaltensweisen oder Situationen diese Muster aufzeigen.

Schritt 4: Bewertung
Entscheide auf Basis deiner Reflexion, ob diese Beziehung toxische Züge trägt. Unterscheide zwischen gelegentlichen Konflikten und dauerhaft toxischem Verhalten.

Schritt 5: Entscheidungsfindung
Denke darüber nach, welche Maßnahmen du ergreifen kannst, um deine Situation zu verbessern – von offenen Gesprächen bis hin zum Setzen von Grenzen oder sogar dem Beenden der Beziehung.

Schritt 6: Aktionsplan
Erstelle einen Plan mit kleinen, konkreten Schritten, wie einem klärenden Gespräch oder bewusster Zeit für dich selbst, um deine Gedanken zu sammeln.

Unterstützung suchen
Vergiss nicht, dass es in Ordnung ist, um Hilfe zu bitten. Die Unterstützung durch Freunde, Familie oder Fachpersonen kann entscheidend sein, um aus toxischen Beziehungen herauszukommen und zu heilen.

Ein neuer Horizont wartet auf dich. Mit dieser Übung hast du den ersten Schritt getan, um dich von dem zu befreien, was dich zurückhält. Bewahre Mut und Hoffnung in deinem Herzen – denn du gestaltest ab heute aktiv ein Leben voller Positivität und echter Verbindungen. Jeder Tag bietet dir eine neue Leinwand; male sie mit den Farben deiner Wahl.

Heilung und Erholung:
Ein sanfter Pfad zurück zu dir selbst

Nachdem wir uns von toxischen Beziehungen befreit haben, beginnt eine Reise der Heilung und Erholung, die sowohl herausfordernd als auch befreiend ist. Diese Phase des tiefen, persönlichen Wachstums ermutigt uns, unsere Bedürfnisse zu erkennen, zu respektieren und zu erfüllen.

Viele Frauen tragen Narben vergangener Beziehungen nicht nur im Herzen, sondern auch in ihren Gedanken und Überzeugungen. Diese Narben, die uns in stillen Momenten heimsuchen, sollten weder definieren, wer wir sind, noch unseren Wert oder unsere Fähigkeit bestimmen, Liebe und Freude zu erleben.

Die Heilung beginnt mit dem Annehmen unserer Vergangenheit und der Bereitschaft zur Selbstvergebung. Vergebung ist ein Geschenk an uns selbst; sie ermöglicht es uns, loszulassen und Platz für Neues zu schaffen. Dieser Prozess erfordert Geduld, Mitgefühl und den Mut, sich den schmerzhaftesten Teilen unserer Geschichte liebevoll zu stellen.

Ein entscheidender Schritt der Heilung ist es, unsere Gedanken und Überzeugungen neu zu programmieren. Das Ersetzen von negativen Selbstgesprächen durch positive, stärkende Affirmationen ist essenziell. Täglich können wir uns bewusst für Botschaften der Hoffnung, Stärke und des Selbstvertrauens entscheiden.

Es ist ebenfalls wichtig, bewusst Zeit für Selbstfürsorge zu nehmen. Rituale wie Meditation, entspannende Bäder oder Zeit in der Natur werden zu mächtigen Werkzeugen der Transformation.

Die Reise der Heilung ist eine Rückkehr zu unserem wahren Ich. Sie bietet die Gelegenheit, uns neu zu definieren, fernab der Schatten vergangener Beziehungen. Auf diesem Pfad lernen wir, unsere eigene beste Freundin zu sein, uns mit Liebe und Anerkennung zu umgeben und ein Leben zu gestalten, das unseren Wünschen, Träumen und Werten entspricht.

Dieser Weg ist nicht immer leicht und manchmal von Rückschlägen geprägt. Doch jede Herausforderung und jeder Moment der Einsicht bringt uns näher an das Leben, das wir verdienen – ein erfülltes Leben voller Liebe, Freude und unendlicher Möglichkeiten.

✦ Gold*nugget*

Mut zur Unterstützung: *Warum es entscheidend ist, um Hilfe zu bitten*

In den Momenten, in denen wir uns überfordert fühlen, wenn das Gewicht der Welt schwer auf unseren Schultern lastet, ist es nicht nur erlaubt, sondern essentiell, um Hilfe zu bitten. Dieses Eingeständnis – dass es vollkommen in Ordnung ist, Unterstützung zu suchen – ist ein tiefgreifender Akt der Selbstliebe und der Fürsorge für unser eigenes Wohlergehen.

Oft schleppen wir eine unsichtbare Last mit uns herum, gefangen in dem Glauben, dass wir alles alleine bewältigen müssen, um als stark wahrgenommen zu werden. Doch wahre Stärke zeigt sich nicht in der Einsamkeit des Kampfes, sondern in der Fähigkeit, unsere Verletzlichkeit zu erkennen und zu akzeptieren, dass wir nicht auf alles eine Antwort haben. Zu realisieren, dass wir Hilfe brauchen, ist kein Zeichen von Schwäche, sondern ein mutiger Schritt vorwärts – eine liebevolle Botschaft an uns selbst: „Du bist es wert. Ich kümmere mich um dich."

Oft sind es unsere Familie oder unser engster Freundeskreis, die als erste Anlaufstellen dienen, wo wir Unterstützung und Verständnis finden. Diese Menschen kennen uns am besten, lieben uns bedingungslos und stehen bereit, uns zu stützen, wann immer wir sie brauchen. Doch in manchen Situationen reicht der Kreis der Nächsten nicht aus. Dann ist es nicht nur okay, sondern wichtig, professionelle Hilfe in Anspruch zu nehmen. Therapeuten, Berater oder Coaches können uns mit Werkzeugen und neuen Perspektiven ausstatten, die es uns ermöglichen, wieder festen Boden unter die Füße zu bekommen.

Sich Hilfe zu holen, ist ein Akt des Selbstrespekts und ein Beweis für unseren Mut. Es zeigt, dass wir uns selbst so sehr wertschätzen, dass wir in unser eigenes Wohlbefinden investieren. Angesichts der häufigen Erwartung, dass wir alles alleine meistern sollen, ist es ein revolutionärer Akt, die Hand auszustrecken und zu sagen: „Ich brauche Unterstützung.

Lass uns dieses kostbare Goldnugget in unser Herz pflanzen: Es ist okay, um Hilfe zu bitten. Es ist okay, sich nicht immer stark zu fühlen. Und es ist absolut okay, sich die Liebe und Fürsorge zu gönnen, die wir verdienen. Denn letztendlich ist es diese Selbstliebe, die uns heilt, uns Kraft gibt und es uns ermöglicht, in unserem eigenen Leben und für die Menschen, die wir lieben, zu leuchten.

Teil 3

Die Meisterklasse:

Haute Couture für erfüllte Frauen

Kapitel 11

Schneidere Dein Meisterwerk:
Der Weg zur Selbstbestimmung

Willkommen in der Meisterklasse, dem exklusiven Atelier, wo du die Haute Couture deines Lebens entwirfst. Nachdem wir in Teil 2 die acht Geheimnisse erfüllter Frauen enthüllt haben, befinden wir uns auf der Ebene der Meisterklasse. Dies ist der Ort, an dem du nicht nur Trägerin, sondern Schöpferin deines eigenen Schicksals wirst. Jede Frau trägt in sich das Potenzial, ihr Leben nach ihren eigenen Vorstellungen zu gestalten – ein Leben, so einzigartig und maßgeschneidert wie die feinste Haute Couture.

In diesem letzten Kapitel tauchen wir tief ein in die Kunst der Selbstbestimmung und den Mut zur Individualität. Ziel ist es, deine innere Designerin zu wecken und zu ermächtigen, ein Leben zu gestalten, das in jedem Stich, jeder Faser und jedem Muster deine Essenz widerspiegelt. Gemeinsam werden wir die „Warum-Treppe" erklimmen, um die tiefsten Beweggründe deines Herzens zu entdecken, deinen idealen Tag visualisieren, um die Konturen deiner Träume zu zeichnen, und eine „Liste der Nicht-Verhandelbaren" erstellen, die die Qualität deines Lebensstoffs bestimmen wird.

Selbst die erfahrenste (Meister-) Schneiderin trifft auf Herausforderungen. In Momenten, in denen der Faden reißt oder der Stoff knittert, werden wir erkunden, wie du mit Rückschlägen umgehen und deine Erfolge gebührend feiern kannst.

Betrachte dieses Kapitel als einen Schnittmusterbogen, der darauf wartet, von dir umgesetzt zu werden. Mit den richtigen Werkzeugen in der Hand bist du bereit, das größte Projekt deines Lebens zu starten – ein Projekt voller Leidenschaft, Liebe und einzigartiger Schönheit.

Die Meisterklasse beginnt jetzt. Es ist Zeit, die Pläne deiner Träume zu entfalten und mit entschlossenem Handeln die Zukunft zu formen, die du dir immer gewünscht hast. Denn am Ende des Tages bist du nicht nur die Designer deiner eigenen Welt, sondern des gesamten Lebens, das vor dir liegt.

Selbstbestimmung:
Die Basis für ein erfülltes Leben

Selbstbestimmung ist die Freiheit, Entscheidungen zu treffen, die dein Leben in eine Richtung lenken, die du wirklich möchtest. Es bedeutet, Verantwortung für dein Glück, deine Ziele und Träume zu übernehmen. Hier sind fünf Schritte, um im Alltag selbstbestimmter zu leben:

1. Klarheit über deine Werte und Ziele: Klarheit über deine Werte und Ziele ist entscheidend. Sie fungieren als Wegweiser und Zielvorgabe für dein Leben. Wenn du nicht genau weißt, was deine Werte und Ziele sind, wie soll das Leben und dein Umfeld mit den richtigen Begegnungen und Geschehnissen darauf reagieren? Nimm dir Zeit, sie zu reflektieren und festzulegen, um bewusste Entscheidungen zu treffen, die dich deinem idealen Leben näherbringen.

2. Lerne, „Nein" zu sagen: Das Setzen von klaren Grenzen ist entscheidend für Selbstfürsorge und Selbstbestimmung. Wenn du „Nein" sagst, wehrst du unpassende Anforderungen, Einflüsse oder Verpflichtungen ab, die nicht mit deinen Werten und Zielen übereinstimmen. Dies hilft dir, deine Ressourcen wie Zeit, Energie und emotionales Wohlbefinden effektiv zu managen. Ein „Nein" zu dem, was dir nicht entspricht, ist gleichzeitig ein „Ja" zu mehr von dem, was dein Leben bereichert und dir wichtig ist. Das regelmäßige Üben dieser Fähigkeit verhindert Überforderung und führt dich auf einen Weg zu einem ausgeglichenen und erfüllten Leben. Lerne, ohne Schuldgefühle „Nein" zu sagen, denn deine Bedürfnisse sind wichtig. Dies stärkt deine Autonomie und bewahrt deine Energie für das, was dir am Herzen liegt.

3. Feiere deine Einzigartigkeit: Jeder Mensch ist einzigartig, geprägt von einer unverwechselbaren Kombination aus Talenten, Erfahrungen und Träumen. Es ist wichtig, diese Individualität nicht nur anzuerkennen, sondern auch zu feiern. Statt deine Erfolge und Qualitäten mit denen anderer zu vergleichen, konzentriere dich auf das Erkennen und Entwickeln deiner eigenen Stärken. Dies stärkt dein Selbstvertrauen und Selbstwertgefühl und ermöglicht es dir, ein authentisches und zufriedenes Leben zu führen, das deine persönliche Note betont.

Nutze Gelegenheiten, um neue Fähigkeiten zu erlernen oder bestehende zu vertiefen, die zu deinen Kerninteressen und -werten passen. Dies kann durch Kurse, Workshops, Bücher oder praktische Erfahrungen geschehen. Feiere jede Verbesserung und jeden Erfolg, denn jeder Fortschritt ist ein Ausdruck deiner Einzigartigkeit.

4. Setze bewusst Grenzen: Das bewusste Setzen von Grenzen ist entscheidend für ein selbstbestimmtes Leben. Sie schützen deine physische, emotionale und mentale Gesundheit und ermöglichen es dir, deine Prioritäten klar zu definieren. Um effektive Grenzen zu setzen, ist es wichtig, deine Bedürfnisse und Werte zu verstehen. Kommuniziere diese klar gegenüber anderen, sowohl im Beruf als auch im Privatleben. Bleib konsequent, auch wenn es Herausforderungen gibt, und passe deine Grenzen bei Bedarf an, um sie den sich ändernden Lebensumständen anzupassen.

5. Selbstreflexion: Regelmäßige Selbstreflexion ist entscheidend für deine persönliche Entwicklung. Nimm dir Zeit, um regelmäßig deine Erfahrungen und Entscheidungen zu überdenken. Dies hilft dir, Muster zu erkennen, deine Handlungen zu bewerten und sicherzustellen, dass sie mit deinen Zielen übereinstimmen. Ob täglich, wöchentlich oder monatlich, nutze dein MOMS CLUB-Journal oder eine App, um wichtige Gedanken und Einsichten festzuhalten. Dieser Prozess ermöglicht es dir, auf Kurs zu bleiben und sicherzustellen, dass du das Leben führst, das du dir wünschst. Selbstreflexion fördert nicht nur Klarheit und Stressabbau, sondern stärkt auch das Gefühl der Kontrolle über dein Leben und deine Zukunft.

Durch diese Schritte legst du ein solides Fundament für deine Selbstbestimmung. Du beginnst, aktiv dein Leben in die Hand zu nehmen und Entscheidungen zu treffen, die dich deinen tiefsten Wünschen näherbringen. Selbstbestimmung ist der Schlüssel zu einem Leben, in dem du nicht nur existierst, sondern in dem du blühst und wächst. Es ist die Basis, auf der du ein Leben voller Freude, Zufriedenheit und Erfüllung aufbaust.

„Man sollte viel öfter einen Mutausbruch haben."

Katja Ebstein

Mut zur Individualität:
Dein einzigartiges Design

In der Welt der Mode ist es die Einzigartigkeit eines Designs, die es von der Masse abhebt und unvergesslich macht. Ebenso ist es mit uns Frauen. Jede von uns trägt in sich ein einzigartiges Muster, eine individuelle Komposition aus Träumen, Talenten, Erfahrungen und Werten. Diese Einzigartigkeit ist unser größtes Gut, unser persönliches „Design", das es zu umarmen und stolz zu präsentieren gilt.

Vielleicht hast du dich schon einmal gefragt, ob es wirklich in Ordnung ist, „anders" zu sein, ob deine individuellen Eigenheiten wirklich Platz in dieser Welt haben. Die Antwort ist ein klares Ja. Dein Mut zur Individualität ist nicht nur in Ordnung, sondern essenziell für ein erfülltes Leben. Es ist die Erkenntnis, dass du genau so, wie du bist, vollkommen genug bist. Deine Einzigartigkeit macht dich zu der wundervollen Person, die du bist, und sie hat die Kraft, die Welt um dich herum zu bereichern.

Den Mut aufzubringen, deine Individualität voll und ganz zu leben, kann eine Herausforderung sein. Es erfordert, dich von den Erwartungen anderer zu lösen und den Weg zu gehen, der sich für dich richtig anfühlt. Es bedeutet, deine eigene Stimme zu finden und sie laut und deutlich erklingen zu lassen, auch wenn sie zittert. Es bedeutet, zu deinen Meinungen, deinen Leidenschaften und deinen Träumen zu stehen, selbst wenn sie von den **gängigen Normen abweichen.**

Entdecke täglich neue Wege, um deine Individualität voll zu entfalten:

Reflektiere über dich selbst: Nimm dir regelmäßig Zeit, um in dich hineinzuhören und zu entdecken, was dich wirklich ausmacht. Was liebst du? Wofür brennst du? Was macht dich anders als andere?

Setze kleine Akzente: Beginne damit, deine Einzigartigkeit in kleinen Dingen auszudrücken. Das kann die Art sein, wie du dich kleidest, die Hobbys, denen du nachgehst, oder die Art, wie du deine Wohnung dekorierst. Jedes kleine Detail ist ein Ausdruck deiner Persönlichkeit.

Umgib dich mit Unterstützung: Wähle Menschen aus, die deine Einzigartigkeit erkennen und wertschätzen. Ein solches unterstützendes Umfeld gibt dir den nötigen Mut, authentisch zu sein und dich voll und ganz zu entfalten.

Wage Neues: Trau dich, neue Dinge auszuprobieren, die dich interessieren. Auch wenn sie außerhalb deiner Komfortzone liegen, können sie dir helfen, neue Seiten an dir zu entdecken.

Deine Individualität zu leben, ist wie das Tragen eines maßgeschneiderten Kleidungsstücks, das perfekt sitzt und in dem du dich rundum wohlfühlst. Es schenkt dir nicht nur ein Gefühl der Freiheit, sondern zieht auch Menschen an, die deine Authentizität wertschätzen und lieben. Dein Mut zur Individualität ist ein Geschenk an dich selbst und die Welt. Denn in deinem einzigartigen Design liegt die wahre Schönheit – eine Schönheit, die niemals aus der Mode kommt.

Praktische Übung

Die „Warum?"-Treppe: *Finde heraus, was dich wirklich antreibt!*

Begib dich auf eine Entdeckungsreise ins Zentrum deiner Wünsche und Träume! Die „Warum?"-Treppe ist der Schlüssel zu den verborgenen Winkeln deines Herzens und offenbart, was dich wahrhaftig antreibt. Diese Übung fordert dich heraus, tiefer als bisher zu forschen und die wahren Beweggründe hinter deinen Zielen zu erkunden.

Suche dir einen ruhigen Rückzugsort, wo du ungestört bist. Nimm dein MOMS CLUB-Journal oder ein leeres Blatt und einen Stift zur Hand. Nutze diesen Moment, um durchzuatmen und dich vollkommen auf dich selbst zu konzentrieren.

Schritt 1: Zielsetzung

Wähle ein Ziel oder eine Aufgabe, die dir aktuell am Herzen liegt. Es kann ein großes Lebensziel oder ein kleineres Vorhaben sein.

Schritt 2 bis 6: Die „Warum?"-Fragen

Frage dich: „Warum ist mir dieses Ziel wichtig?" Schreibe deine Antwort nieder. Stelle dir dann erneut die Frage: „Warum?" auf die gegebene Antwort und wiederhole diesen Schritt insgesamt fünfmal. Mit jeder „Warum?"-Frage tauchst du tiefer in deine Beweggründe ein.

Schritt 7: Reflexion

Nachdem du dich fünfmal gefragt hast „Warum?“, schaue dir deine Antworten an. Was haben sie dir über deine wahren Beweggründe und Wünsche verraten? Gibt es Muster oder Überraschungen in dem, was du entdeckt hast?

Abschluss und Reflexion:

Diese Übung ist mehr als nur ein Prozess; sie ist eine Offenbarung. Vielleicht hast du erkannt, dass einige deiner Ziele nicht wirklich deinen eigenen entspringen, sondern durch die Erwartungen anderer geformt wurden. Oder du wurdest bestätigt, dass deine Ziele tief in deinem Herzen verwurzelt sind. Nutze diese Erkenntnisse, um deine zukünftigen Pfade bewusster und authentischer zu gestalten.

Auswirkungen und Bedeutung:

Die „Warum?“-Treppe ermöglicht dir, dich von äußeren Erwartungen zu lösen und deine eigenen, wahren Ziele zu erkennen. Sie stärkt deine Autonomie und bestärkt dich darin, Entscheidungen zu treffen, die wirklich zu dir passen. Durch regelmäßiges Praktizieren dieser Übung schärfst du dein Bewusstsein für das, was dich wirklich antreibt, und ermöglichst dir ein Leben voller authentischer Selbstbestimmung.

Nimm dir die Zeit, diese Übung regelmäßig zu wiederholen. Sie ist ein kraftvolles Werkzeug auf deinem Weg zu tieferem Selbstverständnis und erfülltem Leben.

Praktisches Beispiel

Johannas Erkenntnis: *Der Weg zum Curvy-Model*

Mit 36 Jahren, als lebensfrohe, alleinerziehende Mutter und Modeenthusiastin, stand Johanna oft vor dem Spiegel, mit dem Traum im Herzen, als Model zu arbeiten. Eine innere Stimme, geprägt von den Standards der Gesellschaft, hielt sie jedoch zurück: „Du musst erst abnehmen." Dieses Echo vergangener Zweifel begleitete sie schon lange. Doch die Entdeckung der „Warum?"-Treppe führte Johanna auf eine Reise der Selbstreflexion.

Warum wollte sie abnehmen? Um als Model zu arbeiten. Und warum wollte sie das? Um Anerkennung zu finden und ihre Liebe zur Mode auszudrücken. Bei der tiefsten Frage angekommen, erkannte sie: Es ging ihr nicht um die Anerkennung anderer, sondern darum, sich selbst in ihrer Haut wohlzufühlen und ihre Persönlichkeit auszudrücken.

Diese Erkenntnis wurde zu Johannas Wendepunkt. Sie verstand, dass es ihr nicht darum ging, einem Idealbild zu entsprechen, sondern ihre Einzigartigkeit zu zelebrieren. Mutig bewarb sie sich als Curvy-Model, wählte Fotos aus, die ihre Persönlichkeit und Modeleidenschaft zeigten, und verfasste eine Bewerbung, die von Selbstvertrauen und Authentizität strotzte.

Der Schritt, ihrer inneren „Warum?"-Treppe zu folgen, brachte Johanna nicht nur eine neue Karrieremöglichkeit, sondern führte sie zu tieferem Selbstverständnis und Akzeptanz. Sie lernte, dass es nicht darum geht, sich für die Welt zu verändern, sondern die Welt dazu zu bringen, die wahre Schönheit der Vielfalt zu schätzen.

Praktische Übung

Die Visualisierung deines **idealen Tages**

Mach es dir mit deinem MOMS CLUB-Journal oder einem leeren Blatt und einem schönen Stift gemütlich. Schalte alle Störungen aus – ja, das Handy gehört auch dazu. Schaff dir einen ruhigen Raum, nur für dich, nur für diesen Moment.

Schritt 1: Dein idealer Tag

Stell dir nun vor, du wachst an einem Morgen auf, an dem alles möglich ist. Dies ist dein idealer Tag, frei von allen Verpflichtungen, Erwartungen und dem Druck, der von anderen kommt.

Morgens: Wie sieht dein Morgen aus? Was ist das Erste, was du tust, nachdem du die Augen öffnest? Vielleicht beginnt dein Tag mit einer Tasse deines Lieblingskaffees oder einer sanften Yoga-Session. Wo bist du? Wer ist bei dir?

Vormittags: Was unternimmst du am Vormittag? Vielleicht arbeitest du an einem Projekt, das dir am Herzen liegt, oder du genießt die Natur bei einem Spaziergang. Lass die Bilder so detailliert wie möglich werden. Wie fühlst du dich dabei?

Mittags: Denk an dein ideales Mittagessen. Mit wem würdest du es teilen? Was gibt es zu essen? Stelle dir vor, wie du lachst, dich unterhältst und die Zeit genießt.

Nachmittags: Wie gestaltest du den Nachmittag? Vielleicht gibt es ein Hobby, dem du nachgehst, oder du triffst dich mit Freunden. Visualisiere, wie du vollkommen in dem Moment aufgehst, frei und unbeschwert.

Abends: Der Abend bricht herein. Was macht diesen perfekten Tag komplett? Ein ruhiges Abendessen, ein spannendes Buch oder ein tiefgründiges Gespräch unter dem Sternenhimmel?

Gefühle: Achte besonders auf die Gefühle, die du während deines idealen Tages erlebst. Freude? Frieden? Erfüllung? Dies sind Hinweise darauf, was dir wirklich wichtig ist.

Schritt 2: Reflexion

Nachdem du deinen idealen Tag visualisiert hast, nimm dir einen Moment Zeit, um über die Erkenntnisse nachzudenken. Welche Aktivitäten haben dir die größte Freude bereitet? Wer sind die Menschen, die diesen Tag mit dir geteilt haben? Was sagt das über deine wahren Wünsche und Bedürfnisse aus?

Schritt 3: Umsetzung

Überlege, wie du Elemente deines idealen Tages in dein reales Leben integrieren kannst. Vielleicht kannst du nicht jeden Tag genau so leben, aber es gibt sicherlich kleine Anpassungen, die du vornehmen kannst, um deinem idealen Tag ein Stück näher zu kommen.

Diese Übung geht über einfaches Vorstellen hinaus. Sie hilft dir, tiefere Einsichten in deine wahren Wünsche und Prioritäten zu gewinnen. Nutze diese Erkenntnisse, um positive Veränderungen in deinem Alltag umzusetzen. Strebe nach einem Leben, das du nicht nur durchläufst, sondern das du voll und ganz auskostest.

„Heute ist ein guter Tag
um glücklich zu sein."

Praktische Übung

Die Liste der „Nicht-Verhandelbaren"

In dieser Übung geht es darum, Klarheit über deine unverrückbaren Werte und Bedürfnisse zu gewinnen – jene Dinge, die für dich so essentiell sind, dass sie nicht zur Diskussion stehen. Finde einen ruhigen Ort und nimm dein MOMS CLUB-Journal oder ein leeres Blatt und einen Stift zur Hand.

Schritt 1: Reflexion

Schau in dich hinein: Was ist dir im Leben wirklich wichtig? Was macht dich aus? Was sind die Dinge, ohne die du nicht du selbst wärst? Denke über deine Kernwerte und Bedürfnisse nach.

Hier sind einige Beispiele, die dir helfen können, deine eigenen Kernwerte und Bedürfnisse zu identifizieren:

Familie und Freundschaften: Die Beziehung zu Familie und engen Freunden steht an erster Stelle und ist nicht verhandelbar.

Gesundheit und Wohlbefinden: Regelmäßige Bewegung, gesunde Ernährung und ausreichend Schlaf sind essentiell.

Persönliche Freiheit: Die Freiheit, eigene Entscheidungen zu treffen und den eigenen Weg zu gehen, ohne sich von anderen einschränken zu lassen.

Kreativer Ausdruck: Zeit und Raum für kreative Tätigkeiten wie Malen, Schreiben oder Musik.

Karriere und Berufung: Arbeit, die erfüllt und einen positiven Beitrag leistet, statt nur ein Mittel zum Zweck zu sein.

Selbstfürsorge und Selbstliebe: Regelmäßige Momente der Ruhe und Selbstreflexion, um die Beziehung zu sich selbst zu pflegen.

Lernen und Wachstum: Laufende persönliche und berufliche Weiterentwicklung.

Respekt und Wertschätzung: In Beziehungen einen respektvollen und wertschätzenden Umgang pflegen und erwarten.

Abenteuer und Erlebnisse: Neue Erfahrungen suchen und das Leben in vollen Zügen genießen.

Schritt 2: Liste erstellen

Welche Werte oder Bedürfnisse sind dir am wichtigsten? Schreibe mindestens fünf Dinge auf, die für dich absolut nicht verhandelbar sind.

Schritt 3: Konkretisieren

Jetzt, da du deine Liste der Nicht-Verhandelbaren hast, ist es an der Zeit, diese in deinem Leben Wirklichkeit werden zu lassen. Hier sind einige Schritte, wie du das tun kannst:

Visualisierung: Stell dir vor, wie ein typischer Tag aussieht, an dem all deine Nicht-Verhandelbaren erfüllt werden. Wie fühlst du dich dabei? Wie wirkt sich das auf deine Stimmung, deine Beziehungen und deine Arbeit aus?

Handlungspläne erstellen: Überlege dir für jedes Nicht-Verhandelbare auf deiner Liste, eine kleine, konkrete Aktionen, die du täglich oder wöchentlich setzen kannst, um es zu integrieren. Zum Beispiel, wenn „Zeit für dich selbst" nicht verhandelbar ist, könnte das bedeuten, dass du täglich eine halbe Stunde früher aufstehst, um in Ruhe zu meditieren oder ein Buch zu lesen.

Grenzen setzen: Manchmal bedeutet das Leben deiner Nicht-Verhandelbaren, Nein zu sagen – sei es zu Überstunden, die deine Zeit für die Familie einschränken, oder zu sozialen Verpflichtungen, die deine Selbstfürsorgezeit stören. Lerne, Grenzen zu setzen, die deine Nicht-Verhandelbaren schützen.

Kommunikation: Teile deine Nicht-Verhandelbaren mit den Menschen in deinem Leben. Wenn sie wissen, was dir wichtig ist, können sie dich besser unterstützen und verstehen, warum du bestimmte Entscheidungen triffst.

Indem du deine **Nicht-Verhandelbaren** lebst, verbesserst du nicht nur dein eigenes Wohlbefinden, sondern wirst auch zu einer Inspirationsquelle für andere auf ihrem Weg der Selbstentdeckung. Es geht darum, ein Leben zu erschaffen, das in Resonanz mit deinem wahren Selbst steht – ein Akt der Selbstliebe und ein mutiger Schritt hin zu einem erfüllten Leben.

„Liebe das Leben,
das du lebst,
lebe das Leben,
das du liebst."

Bob Marley

Umgang mit Rückfällen:
Wenn der alte Schnitt nicht mehr passt

In unserem Streben nach persönlichem Wachstum und Erfüllung begegnen wir unweigerlich Momenten, in denen sich alte Gewohnheiten oder Denkmuster wieder in den Vordergrund drängen. Diese Rückfälle können sich anfühlen, als würden wir in ein Kleidungsstück schlüpfen, das längst aus der Mode gekommen ist – unbequem und nicht mehr passend zu dem Menschen, der wir geworden sind. Ähnlich wie in der Mode, wo Vintage-Stücke zuweilen wieder en vogue sind, geben uns Rückschritte die Möglichkeit, uns selbst besser zu verstehen und unsere Resilienz zu stärken.

Der erste Schritt im Umgang mit Rückschritten ist, ihre Existenz zu akzeptieren und ihren Wert zu erkennen. Rückschritte sind nicht das Zeichen eines Scheiterns, sondern ein natürlicher Teil des menschlichen Wachstumsprozesses. Sie erinnern uns daran, dass Entwicklung kein linearer Weg ist, sondern ein Zyklus aus Fortschritt und Reflexion.

Wenn du merkst, dass du in alte Muster zurückfällst, nimm eine Position des nicht wertenden Beobachters ein. Stelle dir vor, du betrachtest dein Leben wie eine Modenschau, bei der du die verschiedenen Outfits (in diesem Fall Verhaltensweisen) objektiv bewertest. Dies hilft dir, dich von Selbstkritik zu distanzieren und stattdessen zu reflektieren, was diese Rückfälle über deine Bedürfnisse und Wünsche aussagen.

Sobald du einen klaren Blick auf die Ursachen deiner Rückschritte geworfen hast, ist es Zeit für Anpassungen. Vielleicht erkennst du, dass bestimmte Aspekte deines Lebens – sei es deine Arbeit, deine Beziehungen oder deine Selbstfürsorge – eine Überholung benötigen. Nutze diesen Moment, um kreativ zu werden und neue Lösungen zu entwerfen, die besser zu deinem aktuellen Selbst passen.

Kein Modedesigner kreiert eine Kollektion ganz allein, und auch du musst dich nicht allein durch die Höhen und Tiefen deiner persönlichen Entwicklung navigieren. Baue ein Netzwerk aus Freunden, Familie oder professionellen Helfern auf, die dich unterstützen und dir helfen können, wieder auf Kurs zu kommen. Manchmal kann schon ein einfaches Gespräch ausreichen, um neue Perspektiven zu eröffnen und dir die Kraft zu geben, weiterzumachen.

Jeder Schritt vorwärts, sei er auch noch so klein, ist ein Grund zum Feiern. Erlaube dir, stolz auf deine Resilienz und deinen Mut zu sein, auch in Momenten der Schwäche. Erinnere dich daran, dass jeder Rückschritt und jede anschließende Korrektur dich näher an dein authentisches Selbst bringt.

Rückschritte sind nicht das Ende deiner Reise, sondern vielmehr eine Gelegenheit, tiefer in das Verständnis deines eigenen Wesens einzutauchen. Sie fordern dich heraus, deine Selbstwahrnehmung zu schärfen, kreativ zu werden und deine Strategien für persönliches Wachstum zu verfeinern. Betrachte sie als Teil des Prozesses, der dich zu einer noch stärkeren, selbstbewussteren und zufriedeneren Frau macht. Wie in der Mode, so im Leben: Manchmal muss man einen alten Schnitt loslassen, um Platz für eine neue Silhouette zu schaffen, die besser zu dem Menschen passt, der du heute bist.

„Betrachte Rückschritte als
Gelegenheiten, die Weichen
neu zu stellen – nicht als
Hindernisse. Sie sind wie
das Entwerfen einer neuen
Kollektion:
ein kreativer Prozess, der
Dich näher zu dem führt,
wer Du wirklich sein
möchtest."

✦ Gold*nugget*

Kritik als Wegweiser: *Inspiration für persönliches und berufliches Wachstum*

In unserem Leben, sei es privat oder beruflich, begegnen wir unweigerlich sowohl konstruktiver Kritik als auch negativem Feedback. Wie wir damit umgehen, kann einen erheblichen Einfluss auf unser Wachstum, unsere Selbstwahrnehmung und unsere Beziehungen haben. Dieses Goldnugget soll dir dabei helfen, konstruktive Kritik von negativem Feedback zu unterscheiden um beides so zu nutzen, dass es deiner persönlichen und beruflichen Entwicklung zugutekommt.

Konstruktive Kritik erkennen und nutzen

Merkmale konstruktiver Kritik

Zielorientiert: Sie ist darauf ausgerichtet, eine spezifische Verbesserung zu bewirken.

Spezifisch und klar: Sie bietet klare Beispiele oder Vorschläge für Verbesserungen.

Respektvoll: Sie wird auf eine Weise geäußert, die Würde und Respekt wahrt.

Hilfreich: Sie bietet Lösungen oder Wege zur Verbesserung an.

Wie man konstruktive Kritik nutzt

Zuhören und reflektieren: Höre aktiv zu, ohne dich sofort zu verteidigen. Reflektiere über das Gesagte und prüfe, ob es gültige Punkte gibt.

Nachfragen: Wenn etwas unklar ist, zögere nicht, nach konkreten Beispielen oder Vorschlägen zu fragen.

Aktionsplan erstellen: Nutze die Kritik als Chance zur Verbesserung. Erstelle einen Plan, wie du die genannten Punkte angehen kannst.

Dankbarkeit zeigen: Bedanke dich für das Feedback. Anerkennung für konstruktive Kritik zeigt Reife und Offenheit für persönliches Wachstum.

Umgang mit negativem Feedback

Merkmale negativen Feedbacks

Emotional geladen: Es ist oft mehr von Emotionen als von Fakten getrieben.

Pauschalisierend: Es neigt dazu, allgemein und nicht spezifisch zu sein.

Demotivierend: Es bietet keine Lösungen oder Wege zur Verbesserung.

Persönlich: Es kann sich mehr gegen die Person als gegen ihre Handlungen richten.

Wie man mit negativem Feedback umgeht

Emotionale Distanz wahren: Versuche, dich emotional nicht zu involvieren. Erkenne, dass es mehr über die Person, die es äußert, aussagt als über dich.

Suche nach dem Kern der Wahrheit: Selbst in negativem Feedback kann ein Körnchen Wahrheit liegen. Versuche, dies zu extrahieren, ohne dich von der negativen Lieferung überwältigen zu lassen.

Grenzen setzen: Wenn das Feedback beleidigend oder destruktiv ist, ist es wichtig, Grenzen zu setzen. Mache klar, dass du offen für konstruktive Kritik bist, aber respektlosen Umgang nicht tolerierst.

Selbstfürsorge praktizieren: Negatives Feedback kann verletzen. Achte darauf, dich selbst zu pflegen und deine Selbstachtung zu stärken.

Sowohl konstruktive Kritik als auch negatives Feedback sind integraler Bestandteil unseres Wachstums. Indem wir lernen, beides zu navigieren, stärken wir nicht nur unsere Resilienz, sondern auch unsere Fähigkeit, uns kontinuierlich weiterzuentwickeln und zu verbessern. Erinnere dich daran, dass Feedback, egal in welcher Form, eine Gelegenheit zum Lernen und Wachsen ist – ein wahrer Schatz auf deinem Weg zur Selbstverwirklichung.

Is it time for champagne yet?

Erfolge auf dem Laufsteg des Lebens:
Deine persönliche Modenschau feiern

In jedem Kapitel unseres Lebens verdient jeder Erfolg, egal wie groß oder klein, seinen eigenen Moment im Rampenlicht – deine ganz persönliche Modenschau. Denke daran, jede Errungenschaft, jede überwundene Herausforderung, ist wie ein einzigartiges Kleidungsstück, das du selbst entworfen hast. Es ist ein Zeugnis deiner Hingabe, deiner Kreativität und deiner Stärke.

Die Wichtigkeit, Erfolge zu feiern, liegt nicht nur in der Anerkennung des Erreichten, sondern auch im Nähren unseres Wachstums. Es ist wie der Applaus am Ende einer Modenschau, der nicht nur die Schönheit der Kleidung, sondern auch die harte Arbeit und das Talent des Designers anerkennt. Jedes Mal, wenn du dir Zeit nimmst, um deine Erfolge zu feiern, bestätigst du dir selbst: „Ich bin fähig, ich bin es wert, und ich kann noch mehr erreichen."

Starte mit der Tradition, jeden Erfolg zu feiern. Vielleicht mit einem Gläschen Champagner nach dem Abschluss eines großen Projekts oder einem gemütlichen Abend mit deiner Familie und Freunden, um die kleinen Siege des Alltags zu würdigen. Vielleicht ist es auch ein stilles Dankesgebet oder ein Eintrag in dein MOMS CLUB-Journal, der diesen Moment für immer festhält. Wie auch immer du dich entscheidest zu feiern, das Wichtigste ist, dass du es tust.

Feiern ist auch ein Moment der Reflexion – ein Blick zurück auf den Weg, der dich zu diesem Punkt geführt hat. Es ist eine Zeit, um die Höhen und Tiefen zu würdigen und zu erkennen, dass jeder Schritt, jeder Fehltritt und jeder Triumph dich zu der Person gemacht hat, die du heute bist. Es ist ein Beweis dafür, dass jeder Moment, ob herausfordernd oder erhebend, Teil eines größeren Designs ist.

Indem wir unsere Erfolge feiern, weben wir ein Kleid aus Selbstvertrauen und Selbstliebe, das wir stolz tragen können. Es erinnert uns daran, dass wir die Designerin unseres Lebens sind und dass jedes Stück, das wir kreieren, einen wertvollen Beitrag zu unserem persönlichen Ausdruck leistet.

Also, tritt vor den Spiegel, wirf einen Blick auf die Kollektion deiner Erfolge und erkenne die Schönheit in jedem Design. Lass jeden Erfolg ein Licht sein, das deinen Weg erhellt und dich inspiriert, weiterhin mutig und mit Stolz deinen einzigartigen Pfad zu gestalten. Denn in der Modenschau deines Lebens bist du die Star-Designerin, und jeder Tag ist eine Gelegenheit, deine Kreationen der Welt zu präsentieren. Feiere dich, deine Errungenschaften und erlaube dir, in jedem Augenblick zu strahlen.

Das Ende vorm Anfang: *Vom Entwurf zur Wirklichkeit*

Schön, dass du bis zum Schluss dabei geblieben bist! Gemeinsam haben wir deinen metaphorischen Kleiderschrank durchwühlt und sind den Weg vom ersten Entwurf bis zu deiner eigenen Kollektion gegangen.

Zu Beginn unseres Abenteuers stand die Herausforderung, zu verstehen, wo der Schuh drückt und warum unsere Schritte nicht mehr leichtfallen. Doch diese Herausforderung haben wir als Chance genutzt, um neue Stile zu entdecken und unpassende Schuhe hinter uns zu lassen.

Im zweiten Teil des Buches wurde es besonders spannend, denn ich habe die acht Geheimnisse erfüllter Frauen enthüllt. Mit praktischen Beispielen und Übungen hast du die Theorie lebendig gemacht und tief in dein Inneres geblickt. Du hast an dir selbst gearbeitet, und dafür möchte ich dir von ganzem Herzen gratulieren. Ich bin stolz auf dich!

Im dritten Teil, der Meisterklasse erfüllter Frauen, hast du schließlich die Überholspur betreten. Jetzt, da du die Werkzeuge und das Wissen hast, bist du bestens darauf vorbereitet, die Konturen deiner Träume zu skizzieren und sie in die Wirklichkeit umzusetzen.

Es ist nun an der Zeit, das Gelesene und Gelernte Tag für Tag in dein Leben zu integrieren. Vergiss niemals, dass das Wachstum nie aufhört. Jeder Tag bietet neue Gelegenheiten, zu lernen, sich weiterzuentwickeln und den Stoff deiner Träume zu weben. Bleib auf deinem Weg zur Selbstbestimmung, lebe deine Zukunft in vollen Zügen und erinnere dich daran, dass du die Designerin deines Lebens bist – gestalte es mutig, kreativ und voller Leidenschaft.

Nachwort

Dein Catwalk *in ein erfülltes Leben*

Liebe Leserin,

wenn du dieses Buch zuklappst, soll es nicht nur ein „Ende der Show“ sein, sondern der Startschuss für dein persönliches (Fashion-) Statement in deinem Leben. Denn ehrlich, dieses Buch ist mehr als eine Sammlung schicker Worte – es ist dein VIP-Pass in den Club der erfüllten Frauen.

Jetzt hältst du die Schneiderschere für dein Lebensdesign in den Händen, aber es liegt an dir, den Stoff deiner Tage kunstvoll zu drapieren. Bleib nicht bei der Theorie hängen – das wahre Meisterwerk entsteht im Tun deines Alltags.

Jeder kleine Schritt, jeder Tag, an dem du bewusst deine Gedanken zum Positiven lenkst, dir selbst ein High Five im Spiegel gibst oder deine Zeit wie ein kostbares Parfum dosierst, fügt einen Glitzerfaden in das große Kleid deines Lebens.

Ja, es ist leicht, in die alten Jeans der Gewohnheit zu schlüpfen, aber ich weiß, dass in dir eine Fashionista steckt, die mutig genug ist, immer wieder auf ihre High Heels zu steigen und weiterzulaufen.

Denk daran, dieses Nachwort mag der Abspann sein, aber für dich ist es das Opening für alles, was vor dir liegt. Sei mutig, lebe wild und wundervoll. Du hast jetzt alle Accessoires, um das Leben nicht nur zu leben, sondern es zu rocken.

Und hey, lass uns in Kontakt bleiben! Teile deine Erfolge, deine Modedesaster und deine Momente auf dem Catwalk des Lebens. Jede Geschichte, die du teilst, kann die nächste Frau inspirieren, ihre eigene Kollektion des Glücks zu starten. **#dermomsclub**

Du bist nie allein auf diesem Laufsteg. Wir sind eine Armee von Frauen, die in ihren besten Outfits das Leben erobern. Zusammen machen wir das Leben nicht nur bunter, sondern auch lebendiger und stylisher.

Mit einer herzlichen Umarmung und einem tosenden Applaus für deine Zukunft,

deine Tracy

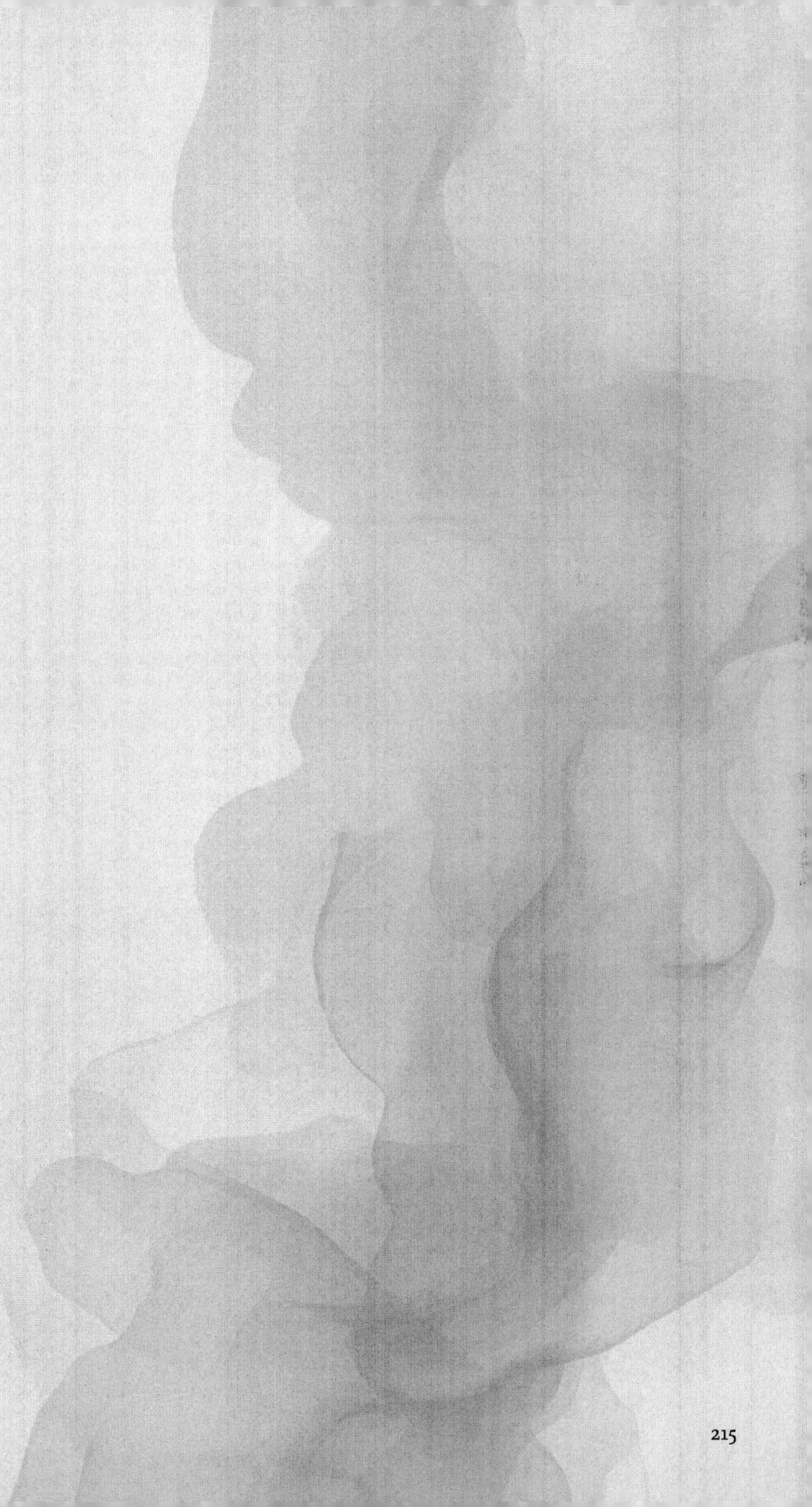

Plummer Publishing

Printed in Poland
by Amazon Fulfillment
Poland Sp. z o.o., Wrocław

47327758R00123